विजेताओं के छह नज़रिये

विजेताओं के छह नज़रिये

नॉर्मन विन्सेन्ट पील

अनुवाद : डॉ. सुधीर दीक्षित

मंजुल पब्लिशिंग हाउस

MANJUL

मंजुल पब्लिशिंग हाउस

कॉरपोरेट एवं संपादकीय कार्यालय

• द्वितीय तल, उषा प्रीत कॉम्प्लेक्स, 42 मालवीय नगर, भोपाल–462 003

विक्रय एवं विपणन कार्यालय

• सी-16, सेक्टर 3, नोएडा, उत्तर प्रदेश, 201301

वेबसाइट : www.manjulindia.com

वितरण केन्द्र

अहमदाबाद, बेंगलुरू, भोपाल, कोलकाता, चेन्नई,
हैदराबाद, मुम्बई, नई दिल्ली, पुणे

नॉर्मन विन्सेन्ट पील द्वारा लिखित मूल अंग्रेजी पुस्तक
सिक्स ऐटीट्यूड्स फ़ॉर विनर्स का हिन्दी अनुवाद

Six Attitudes for Winners by *Norman Vincent Peale*
– Hindi Edition

यह हिन्दी संस्करण 2017 में पहली बार प्रकाशित
द्वितीय आवृत्ति 2020

ISBN   978-81-8322-677-6

हिन्दी अनुवाद : डॉ. सुधीर दीक्षित

मुद्रण व जिल्दसाज़ी : रेप्रो इंडिया लिमिटेड

अनुक्रम

अध्याय 1

सकारात्मक

कोई समस्या इतनी बड़ी नहीं है कि सुलझाई न जा सके

मेरे पुराने मित्र जे.सी. पेनी 95 वर्ष के ओजपूर्ण इंसान थे और हम दोनों न्यू यॉर्क के होटल वॉल्डोर्फ़ स्टोरिया में वक्ताओं की टेबल पर एक साथ बैठे थे। हम समस्याओं पर बातचीत करने लगे। मुद्दा यह था कि इंसान को उनके बारे में क्या करना चाहिए। मैंने कहा, "जे.सी., अपने लंबे जीवनकाल में आपके सामने बहुत सी मुश्किलें आई हैं। समस्याओं के बारे में आपका दर्शन क्या है?"

उनका जवाब इस महान और नेकदिल शख़्सियत के क़ाबिल था। उन्होंने जवाब दिया, "देखो नॉर्मन, दरअसल मेरी ज़िंदगी में जितनी भी समस्याएँ आई हैं, मैं उन सभी के लिए कृतज्ञ हूँ। जब मैंने उनमें से प्रत्येक पर विजय पाई, तो हर जीत के साथ मैं ज़्यादा शक्तिशाली बना और आने वाली समस्याओं से मुक़ाबला करने में ज़्यादा सक्षम बना। मैंने जो भी प्रगति की है, अपनी मुश्किलों की बदौलत की है।"

अगर आप भी अपनी समस्याओं से उबरना चाहते हैं, तो आपको सबसे पहले तो जे.सी. पेनी की तरह उनके प्रति एक सकारात्मक मानसिक नज़रिया रखना होगा।

आप तथ्यों की ओर कैसे देखते हैं?

मेरे ऑफ़िस में एक साइन बोर्ड लगा है, जिसे किसी ने मेरे लिए बनाया था। इस पर लिखा है, "नज़रिये तथ्यों से ज़्यादा महत्त्वपूर्ण होते हैं।" इस दृष्टिकोण ने मेरी समस्याओं को सुलझाने में मेरी मदद की है, क्योंकि यह बताता है कि तथ्यों की ओर कैसे देखना है। नकारात्मक व्यक्ति कह सकता है, "यह एक कठोर और मुश्किल तथ्य है। आप इससे बच नहीं सकते। तथ्य आख़िर तथ्य है और यहीं पर बात ख़त्म हो जाती है।"

लेकिन दूसरी तरफ़ सकारात्मक व्यक्ति कहता है, "हाँ, यह तथ्य है। लेकिन इससे या किसी भी तथ्य से निबटने का एक तरीक़ा है : इसके पास से घूमकर चले जाएँ या इसके नीचे से जाएँ या इसके ऊपर से जाएँ या इससे सीधे भिड़ जाएँ। हर समस्या सुलझने के लिए होती है और मेरे पास वह सब है, जिससे मैं यह कर सकता हूँ।"

इस बात की काफ़ी संभावना है कि नकारात्मक व्यक्ति तथ्य से पराजित हो जाएगा, जबकि सकारात्मक व्यक्ति शायद इसे सृजनात्मक तरीक़े से सुलझा लेगा। यह ध्यान रखें, परिणाम तथ्यों से तय नहीं होता; यह तो उनके प्रति आपके नज़रिये से तय होता है।

वह इलाक़ा, जिसे कोई नहीं चाहता था

दो सेल्समैन के प्रसंग पर विचार करें। उनमें से एक को ऐसा इलाक़ा सौंपा गया, जिसमें कंपनी का कारोबार शुरू से अब तक बहुत मंदा और ठंडा था। इस इलाक़े के बारे में सभी लोग कहते थे, "इसमें कोई भी कुछ नहीं कर सकता।"

जब वह सेल्समैन उस नए इलाक़े में गया, तो वह इस आम राय को पूरी तरह मानते हुए गया कि वहाँ कोई कारोबारी संभावना नहीं थी। उसने मन ही मन तर्क किया, "जब कुछ हो ही नहीं सकता, तो ख़ुद को हैरान-परेशान क्यों करना? मेरे साथ बड़ी नाइंसाफ़ी हुई है, जो मेरे गले में यह ग़ैर-उत्पादक इलाक़ा बाँध दिया गया है।"

आपको यह जानकर कोई हैरानी नहीं होगी कि वह सेल्समैन ज़्यादा कारोबार नहीं कर पाया और उसने कंपनी छोड़ दी। दरअसल उसने कभी इसकी सच्ची कोशिश ही नहीं की। उसने इस तथ्य को आँख मूँदकर मान लिया कि वहाँ कोई अवसर मौजूद नहीं था। इस तथ्य के प्रति उसका नज़रिया नकारात्मक था। परिणाम? नकारात्मक!

देश के पार से आने वाला दूसरा सेल्समैन उस इलाक़े के बारे में कुछ नहीं जानता था; वह तो बस इतना जानता था कि यह एक फलते-फूलते महानगरीय समुदाय के केंद्र में था। किसी ने भी उसे यह नहीं बताया था कि वहाँ बिक्री की कोई संभावना नहीं थी, इसलिए वह काम में जुट गया और उसने ढेर सारा सामान बेच डाला।

उसने आश्चर्य से कहा, "अरे वाह! यह तो सोने की खान है, जिसकी आज तक खुदाई नहीं हुई है!" उसकी सोच सकारात्मक थी

और उसकी सक्रियता भी सकारात्मक थी। उसने उस इलाक़े में भारी सफलता पाई।

ध्यान रखें, इस दूसरे सेल्समैन का सकारात्मक मानसिक नज़रिया इतना गहरा था कि अगर किसी ने उसे पहले यह बताया होता कि यह एक बुरा इलाक़ा है, तो वह इस बात पर यक़ीन नहीं करता। वह करता भी क्यों? वहाँ लाखों लोग रह रहे थे, उन्हें उसके प्रॉडक्ट की ज़रूरत थी और वह प्रॉडक्ट देने के लिए वह वहाँ मौजूद था। वह सफल इंसान था।

सकारात्मक मानसिक नज़रिये के तीन क़दम

1. *प्रतिक्रिया न करें, बल्कि सोचें।* जब कोई मुश्किल आन पड़े, तो इंसान में दहशत में आने या विचलित होने की प्रवृत्ति होती है; कई बार तो द्वेषपूर्ण होने की भी। ऐसी प्रतिक्रियाएँ भावनात्मक साँचे में ढली होती हैं और अगर कोई इंसान ऐसी मानसिक अवस्था में भावी कार्यों की योजना बनाता है, तो इस बात की आशंका रहती है कि वे पूरी तरह तर्कपूर्ण या विवेकशील नहीं होंगे।

   अपने दिमाग़ को ठंडा करने के लिए इंसान को खुद को अनुशासित करना चाहिए। दिमाग़ को ठंडा होने देना महत्त्वपूर्ण है, क्योंकि दिमाग़ जब गरम होता है, तो यह सोच नहीं सकता। दिमाग़ जब ठंडा होता है, तभी यह ऐसे तार्किक, तथ्यात्मक विचार सोच सकता है, जो समाधानों की ओर ले जाते हैं। इसलिए खुद को भावनाओं के आवेश में आने की इजाज़त न दें। सोचें!

वास्तव में, आपका दिमाग़ आपकी सबसे बड़ी संपत्ति है। इसे हमेशा अनुशासनात्मक नियंत्रण में रखें। उस कथन को याद रखें, जिसका श्रेय थॉमस ए. एडिसन को दिया जाता है, "शरीर का मुख्य उद्देश्य मस्तिष्क को यहाँ-वहाँ ले जाना है।" यह महान आविष्कारक जानते थे कि दिमाग़ जब ठंडे अंदाज़ में काम करता है, तभी हमें विचार मिलते हैं; वरना हमें आवेग मिलते हैं। इन दमदार विचारों से हम समस्याओं को सुलझा लेते हैं।

2. *"कैसे" सोचने वाले बनें*। तीस साल की कड़ी मेहनत के बाद फ्रेड का कारोबार एक बदमाश साझेदार ने छीन लिया। जब वह मुझसे मिलने आया, तो मुझे उम्मीद थी कि वह बहुत दुखी होगा। इसके बजाय उसने मुझे बताया कि उसकी संपत्तियाँ उसके दायित्वों से कहीं ज़्यादा थीं।

"जब मैंने तीस साल पहले काम शुरू किया था, तो मेरे पास सिर्फ़ 50 डॉलर थे, लेकिन अब मेरे पास 500 डॉलर हैं। तो आपने देखा, मैं काफ़ी आगे पहुँच गया हूँ," उसने मुस्कराकर कहा। "शुरुआत में मेरे साथ एक अद्भुत पत्नी थी और ईश्वर का शुक्र है कि वह अब भी मेरे साथ है। मुझे कारोबार का बहुत सारा अनुभव भी मिल गया है।"

इस विपत्ति के एक साल के भीतर उसने एक और कारोबार शुरू किया, जो कामयाब हो चुका है। लेकिन उसकी कही एक बात मेरे दिलोदिमाग़ में सचमुच बैठ गई, "मैंने निर्णय लिया कि मैं अगर-मगर की सोच के बजाय कैसे की सोच रखूँगा।"

यह काफ़ी विचारोत्तेजक फ़र्क़ है। अगर-मगर सोचने वाला आदमी किसी मुश्किल या किसी विपत्ति के बारे में चिंता करता है और दुखद अंदाज़ में ख़ुद से कहता है, "अगर मैंने यह किया होता... यदि यह या वह परिस्थिति अलग होती... यदि दूसरों ने मेरे साथ अन्याय नहीं किया होता..." इस तरह से यह आदमी एक के बाद दूसरी व्याख्या तक गोल-गोल घूमता रहता है, लेकिन कहीं पहुँच नहीं पाता। संसार में पराजित अगर-मगर विचारक भरे पड़े हैं।

> "हर समस्या में इसके ख़ुद के समाधान के बीज निहित होते हैं।"
> —स्टैनली अरनॉल्ड

दूसरी तरफ़, कैसे सोचने वाले इंसान के सामने जब कोई मुश्किल या आपदा आती है, तो वह उसकी चीर-फाड़ करने पर कोई ऊर्जा बरबाद नहीं करता। वह तुरंत सर्वश्रेष्ठ समाधान की तलाश करने लगता है, क्योंकि वह जानता है कि हर समस्या का समाधान हमेशा होता है। वह ख़ुद से पूछता है, "मैं सृजनात्मक तरीक़े से इस विपत्ति से कैसे लाभ ले सकता हूँ? मैं इसमें से कोई अच्छी चीज़ बाहर निकालने का काम कैसे कर सकता हूँ?"

कैसे का तरीक़ा सोचने वाला इंसान समस्याओं को प्रभावी ढंग से सुलझा लेता है, क्योंकि वह जानता है

कि हर मुश्किल में कोई न कोई महत्त्वपूर्ण चीज़ छिपी होती है। वह निरर्थक अगर-मगर में समय बरबाद नहीं करता है, बल्कि सीधे सृजनात्मक कैसे पर काम करने लगता है।

3. *विश्वास करें कि आप कर सकते हैं और आप कर लेंगे।* यह प्रगतिशील सिद्धांत विश्वास करने वाले इतने ज़्यादा लोगों के जीवन में सही साबित हुआ है कि इसकी प्रामाणिकता के बारे में कोई शंका नहीं है। यह भरोसा बेहद अहम है कि ईश्वरीय मदद से आप सारी समस्याओं से मुक़ाबला कर उनसे जीत पाएँगे। "विश्वास करता हूँ" और "कर सकता हूँ" सृजनात्मक जंज़ीर की कड़ियों की तरह परस्पर जुड़े हैं। यदि आपको विश्वास है कि आप कर सकते हैं, तो आप वह काम कर लेंगे।

एक व्यक्ति एक के बाद दूसरी असफलता का अनुभव कर रहा था। फिर उसने पुस्तक में एक वाक्य देखा, जिसने उसे हिला दिया। वाक्य था, "सर्वश्रेष्ठ की अपेक्षा रखें और इसे पा लें।" यह उसके दिल के अंदर चला गया और उसे इस बात का अहसास हुआ कि वह पराजय के विचार सोच रहा था। हर दिन वह सबसे बुरे की उम्मीद कर रहा था और आम तौर पर यही उसे मिल भी रहा था।

इसलिए वह *बाइबल* में ऐसे "व्यवहारिक" विचारों की तलाश करने लगा, जो उसकी असफलता की छवि को मिटा दें। उसे कई विचार मिले, जिनमें ये दो विचार शामिल थे : "माँगें और यह आपको दे दिया जाएगा; खोजें और आप इसे पा लेंगे; खटखटाएँ और यह

आपके लिए खोल दिया जाएगा", और "ईश्वर ने हमें डर का भाव नहीं दिया है, बल्कि शक्ति का और प्रेम का और तीव्र मस्तिष्क का वरदान दिया है।"

बाइबल की इन पंक्तियों ने उसके दिमाग़ को पूरी तरह से धो दिया। इन्होंने उसके दिमाग़ से सारी शंकाएँ और हीनताएँ साफ़ कर दीं। उसने कहा, "मैंने अपनी नौकरी के प्रति एक अलग नज़रिया रखने का निर्णय लिया। मैं हर सुबह दिन शुरू करते समय यह कहने लगा, 'मुझे अपनी नौकरी पसंद है। यह मेरे जीवन का महानतम दिन होने वाला है।' मैं यह समझ गया कि अगर मैं ख़ुद पर विश्वास नहीं करूँगा, तो मैं किसी और से भी ऐसा करने की उम्मीद नहीं कर सकता।" आर. जीन स्काफ़ ने *गाइडपोस्ट्स* में प्रकाशित कहानी में अपना यह अनुभव बताया था।

यदि आपका विश्वास कमज़ोर है, तो इसे *बाइबल* के शक्तिशाली विचारों से मज़बूत बना लें। *बाइबल* आस्था या विश्वास उत्पन्न करने वाले विचारों से लबालब भरी है, जो आपके मानसिक नज़रिये को नया बना सकते हैं। इस तरह आप आत्मविश्वासी बन जाएँगे और समस्याओं से घिरी राह में भी अपने विश्वास को क़ायम रख पाएँगे।

आपकी समस्या : बहुत मूल्यवान मोती

कुछ साल पहले मैं एक प्रेरक व्यक्ति से मिला, जिन्होंने मुझे किसी समस्या के बीचोंबीच दफ़न "बहुत मूल्यवान मोती" की तलाश करने की तकनीक सिखाई। युवावस्था में मुझ पर एक

ऐसी समस्या का बोझ था, जिसे देखकर लगता था कि यह किसी तरह नहीं सुलझ सकती। जब मैंने उन्हें बताया कि मेरे सामने एक समस्या है, तो वे बोले, "अरे वाह, आपके सामने एक समस्या है, बधाई!"

चार्ल्स एफ़. केटरिंग :

मेरे पास समस्याएँ लाएँ

मशहूर शोध वैज्ञानिक चार्ल्स एफ़. केटरिंग समझदार इंसान और एक तरह के नैसर्गिक दार्शनिक थे। वे आला दर्जे के आविष्कारक थे, ख़ास तौर पर ऑटोमोबाइल उद्योग में। उन्होंने यह ज़ोरदार घोषणा की थी, "मैं समस्याओं के बिना कुछ नहीं कर सकता। वे मेरे मस्तिष्क को शक्तिशाली बनाती हैं। दरअसल, मैं अपने सहयोगियों से कहता हूँ कि वे अपनी सफलताएँ मेरे पास न लाएँ, क्योंकि वे मुझे कमज़ोर बनाती हैं; बल्कि अपनी समस्याएँ मेरे पास लाएँ, क्योंकि वे मुझे शक्तिशाली बनाती हैं।"

मैंने हैरानी से पूछा, "बधाई किसलिए?" मेरे लिहाज़ से यहाँ सहानुभूति जताना उचित होता। उन्होंने चहकते हुए जवाब दिया, "क्योंकि इस समस्या से कोई बड़ी, अद्भुत चीज़ निकलकर आपके जीवन में आ सकती है।"

उनके कहने पर मैंने समस्या पूरे विस्तार से बताई। वे मेरी बातों को ग़ौर से सुनते रहे। "यह तो यह रही आपकी

बड़ी समस्या। इससे मत डरो – इसका चेहरा भयानक नहीं है। दरअसल, यह आपकी ओर देखकर मुस्करा रही है और आपको लुका-छिपी खेलने के लिए बुला रही है। इसमें कोई बड़ी चीज़ छिपी हुई है। मज़ा इसी में है कि आप इसे खोज लें।"

मनमौजी अंदाज़ में वे अपनी अँगुली से टेबल पर रखे काल्पनिक ढेर में टटोलने लगे। उन्होंने बताया, "हर समस्या की एक कमज़ोर जगह होती है। यह हमें मिल ही जाएगी।" फिर वे हँसे, "लो मिल गई। अब हम इस समस्या को तोड़ते हैं। मुझे यक़ीन है कि हमें इसमें कोई अद्भुत चीज़ मिलेगी।"

उनके कुशल मार्गदर्शन में यही हुआ। उस समस्या की बदौलत मुझे अपने व्यक्तिगत अनुभव की सबसे मूल्यवान चीज़ों में से एक मिल गई। तब से मेरे मन में समस्याओं के प्रति गहरा सम्मान रहा है, क्योंकि मैं जानता हूँ कि मेरी राह में जो भी समस्या आती है, हर समस्या व्यावहारिक ज्ञान, अंतर्दृष्टि और समझ का अमूल्य उपहार लेकर आ सकती है।

समस्या से न लड़ें। जब समस्या आप पर वार करे, तो कभी शिकायत नहीं करें। इसके बजाय समस्या से सवाल पूछें, क्योंकि इसमें आपके लिए व्यावहारिक ज्ञान भरा हुआ है। दरअसल, समस्या ईश्वर की महानतम नसीहतों में से एक होती है, जिनसे यह आपको सिखाता है और विकास करने में आपकी मदद करता है।

अपनी समस्या को छोटा करके सही आकार में लाएँ

अक्सर हम समस्या के सामने ख़ुद को हीन, बौना और अक्षम महसूस करते हैं। मन ही मन इंसान समस्या को इसके वास्तविक

आकार से बहुत बढ़ा-चढ़ाकर देखता है। इसके बड़े आकार को देखकर हम डर जाते हैं और घबरा जाते हैं, हालाँकि यह सचमुच उतनी बड़ी नहीं होती है। यह बड़ी तो इसलिए दिखती है, क्योंकि हमारे डर के विचारों ने इसके वास्तविक आकार को अतिशयोक्तिपूर्ण अंदाज़ में बड़ा कर दिया है।

एक महत्त्वपूर्ण तरीक़ा यह है कि हर समस्या को इसके सच्चे अनुपात में काट-छाँट लें और इसे घटाकर इसे सही आकार तक ले आएँ। डर-दहशत-अक्षमता की भावनाओं को हटा दें और निष्पक्ष तार्किकता से सोचें। समस्या को सीधा कर दें।

एक कारोबारी कार्यालय में एक आदमी डेस्क के पीछे बैठा था, जिस पर कुछ काग़ज़ क्रमबद्ध तरीक़े से रखे हुए थे। हर काग़ज़ पर हाथ से लिखी इबारत थी। उस आदमी ने कहा, "शायद आपको जिज्ञासा होगी कि ये काग़ज़ यहाँ क्या कर रहे हैं। दरअसल, मैं एक काफ़ी मुश्किल समस्या को सुलझाने की कोशिश कर रहा हूँ। यह मेरा तरीक़ा है।"

उन्होंने मुझे बताया कि उनके जीवन में एक ऐसा समय था, जब वे समस्या के सामने "धूल चाटने लगते थे।" फिर ज़्यादा उम्र वाले एक व्यवसायी ने उन्हें सलाह दी, "देखो जैक, मैंने पाया है कि आम तौर पर कोई समस्या उतनी भयानक नहीं होती, जितनी कि यह दिखती है। मेरा अनुभव यह है कि अगर आप किसी समस्या को टुकड़ों में तोड़ लेते हैं, इसे इसके अवयव हिस्सों में तोड़ लेते हैं, तो आप इन हिस्सों से अलग-अलग निबटकर पूरी समस्या को सुलझा सकते हैं। समस्या कोई भी हो, उसके टुकड़े कर लें। तब समस्या आपको इतनी बड़ी दिखाई नहीं देगी।"

मेरे मित्र ने कहा, "इस सलाह में समझदारी थी। मैंने वह तरीक़ा अपना लिया है और इसीलिए ये काग़ज़ मेरी डेस्क पर फैले हुए हैं। मैं समस्या का पूरा विश्लेषण करता हूँ, इसे टुकड़ों में तोड़ता हूँ और इन काग़ज़ों पर उनके विभिन्न पहलू लिखता हूँ। फिर मैं प्रार्थना करता हूँ और ईश्वर का मार्गदर्शन माँगता हूँ कि आगे कैसे बढ़ूँ।"

"आम तौर पर मैं समस्या के सबसे आसान हिस्से को सबसे पहले अलग करता हूँ और इसे सुलझा देता हूँ। मैं इसी तरह एक-एक हिस्से को अलग करने का काम करता रहता हूँ और प्रार्थना करता रहता हूँ, जब तक कि समस्या के सारे बाहरी हिस्से सुलझ नहीं जाते और यह इसके केंद्रीय बिंदु तक सिमट नहीं जाती। फिर मुझे यह अद्भुत अहसास होता है कि अब समस्या इतनी छोटी हो गई है कि मैं उसके इस केंद्रीय हिस्से को सुलझाने में सक्षम हूँ।"

"यह पद्धति सचमुच काम करती है," उसने उत्साह से घोषणा की। "इतनी ज़्यादा कि तब से मुझे जीवन में बहुत रोमांच आ रहा है। मैंने पाया है कि मैं किसी भी समस्या से ज़्यादा बड़ा हूँ," उन्होंने दिलेर अंदाज़ में अपना निष्कर्ष बताया।

दैवी सहायता माँगें

जब हम दृढ़ता से कहते हैं कि आप किसी भी समस्या से उबर सकते हैं, तो हम इस बात को ध्यान में रख रहे हैं कि यह काम आपको पूरी तरह अकेले नहीं करना है। देखिए, आपके पास ईश्वर की अतिरिक्त सहायता हमेशा मौजूद होती है। आपके पास ज्ञान और शक्ति का दैवी लाभ हमेशा मौजूद होता है, जो किसी इंसान में नहीं हो सकता। कौन सी समस्या इतनी मुश्किल

हो सकती है कि आप और ईश्वर आदर्श तालमेल स्थापित कर उसे न सुलझा सकें? यह सबसे बड़ा तालमेल है।

एक आकर्षक युवा पत्नी ने जोशीले अंदाज़ में मुझे बताया कि ईश्वर ने कितने अद्भुत तरीक़ों से उसकी समस्याओं में साथ दिया था। उसके सामने ढेर सारी समस्याएँ आई थीं। दूसरी मुश्किलों के अलावा, वह पोलियो से पंगु हो गई थी। लेकिन उसके भीतर विजय का भाव बहुत स्पष्ट था; वह जानती थी कि वह किसी भी समस्या से कैसे उबर सकती हैं।

मैंने प्रशंसा भरे स्वर में पूछा, "आपका रहस्य क्या है?"

उसने रोमांचित स्वर में ऐलान किया, "ओह, मेरे पास ईश्वर का फ़ोन नंबर है। मैं किसी भी समय उन्हें फ़ोन कर सकती हूँ। उनके फ़ोन की लाइन कभी व्यस्त नहीं होती। वे हमेशा जवाब देते हैं।"

मैंने पूछा, "ईश्वर का फ़ोन नंबर क्या है?"

"यह है जेईआर 33:3। यानी जेरेमियाह, अध्याय 33, छंद 3, जिसमें कहा गया है कि मुझे पुकारो और मैं तुम्हें जवाब दूँगा; मैं तुम्हें ऐसी महान व शक्तिशाली चीज़ें दिखाऊँगा, जिनके बारे में तुम्हें पता भी नहीं है।"

निश्चित रूप से आप अपनी हर समस्या को, अपनी सारी समस्याओं को सुलझा सकते हैं, अगर आपके पास ईश्वर का "फ़ोन नंबर" हो और आपको पता हो कि दैवी परामर्श व सहायता हमेशा मौजूद है तथा माँगने पर तुरंत मिल सकती है।

यदि समस्याएँ आपको बहुत बड़ी लगती हैं, तो शायद ऐसा इसलिए है, क्योंकि आप ईश्वर को पुकार नहीं रहे हैं। उनका फ़ोन नहीं कटा है। न ही उनके फ़ोन की लाइन व्यस्त

है। वे आपकी बात सुनने का इंतज़ार कर रहे हैं। उनका नंबर डायल करें। उन्हें फ़ोन करें और वे आपको तुरंत जवाब देंगे। वे आपको अपनी मुश्किलों से बाहर निकलने का तरीक़ा दिखा सकते हैं। वे आपको किसी भी समस्या से उबरने का मार्गदर्शन दे सकते हैं।

अध्याय 2

साहसी

मुझे डरने की कोई बात नहीं है

किसी भी भावना को दूर किया जा सकता है। क्रोध को दूर किया जा सकता है। डिप्रेशन को दूर किया जा सकता है। नफ़रत को दूर किया जा सकता है। पूर्वाग्रह को दूर किया जा सकता है। सबसे बड़ी बात, डर को दूर किया जा सकता है।

किसी भी डर को दूर करने का पहला क़दम बस यह अहसास करना है कि इसे सचमुच दूर किया जा सकता है। कभी भी मन में यह धारणा न रखें कि आपको ज़िंदगी भर डर-डरकर या डर के साथ जीना पड़ेगा। आपको ऐसा करने की ज़रूरत नहीं है। यह न सोचें कि चूँकि आपकी माता, पिता या दादा-नाना के मन में आशंकाएँ या डर थे, इसलिए आपमें भी होने चाहिए। यदि आप ज़िंदगी भर डर से परेशान रहना चाहते हों, तो आप रह सकते हैं, वह भी बड़ी आसानी से। लेकिन यह जान लें कि आपमें यह क्षमता है कि आप इसे बदल सकते हैं।

जीवन के तूफ़ानों का सामना करना

एलीनोर रूज़वेल्ट ने एक बार कहा था, "हर उस अनुभव से आपको शक्ति, साहस और आत्मविश्वास मिलता है, जहाँ आप रुककर डर का सामना करते हैं और उससे निगाह मिलाते हैं।"

जब कोई इंसान संकल्प के साथ किसी डर से मुक़ाबला करने के लिए खड़ा होता है, तो उस डर में सिकुड़ने और अंततः रास्ता छोड़ने की प्रवृत्ति होती है। मुश्किल या डर से बचने या दूर भागने की कोशिश करने के बजाय उसके सामने डटकर खड़े होने में कम ख़तरा होता है।

> इंसान का पहला कर्तव्य डर को वश में करना है... इंसान के काम गुलामों जैसे होते हैं... जब तक कि वह डर को अपने पैरों तले नहीं कुचल देता।
>
> —थॉमस कार्लायल

एक बूढ़े काउबॉय ने बताया कि उसने हियरफ़ोर्ड गायों से जीवन का सबसे महत्त्वपूर्ण सबक़ सीखा था। उसने ज़िंदगी भर मवेशी-फ़ार्म में काम किया था। उस इलाक़े में जाड़े के तूफ़ान बहुत से पशुओं की जान ले लेते थे। घास के बड़े मैदानों में देह कँपकँपाने वाली बारिश होती थी। गरजती हुई हवाएँ बर्फ़ को इकट्ठा करके उसे घातक हथियार की तरह तेज़ी से चुभाती थीं। तापमान बहुत जल्दी शून्य से कम हो सकता था। उड़ती बर्फ़ से मांस में घाव हो जाता था। प्रकृति की हिंसा के इस

बवंडर में ज़्यादातर मवेशी बर्फ़ीली आँधी की तरफ़ पीठ फेर लेते थे। वे हवा के रुख़ की तरफ़ धीरे-धीरे चलते जाते थे। आख़िरकार, जब बाउंड्री फ़ेंस उन्हें रोक देती थी, तो वे उससे टिक जाते थे और दर्जनों की संख्या में मर जाते थे।

लेकिन हियरफ़ोर्ड गायें तूफ़ान से अलग तरह से पेश आती थीं। इस प्रजाति की गायें सहज बोध से हवा के ख़िलाफ़ चलती थीं। वहाँ वे तूफ़ान का सामना करने के लिए कंधे से कंधा मिलाकर खड़ी होती थीं और इसके भीषण आक्रमण के ख़िलाफ़ सिर झुका लेती थीं। काउबॉय ने कहा, "लगभग हमेशा हियरफ़ोर्ड गायें ज़िंदा और सही-सलामत मिलती थीं। मुझे लगता है कि मैंने घास के मैदानों में जो सबसे महान सबक़ सीखा, वह यह था - जीवन के तूफ़ानों का डटकर सामना करें।"

बिलकुल सही सबक़ है। जिन चीज़ों से आप डरते हैं, उनसे बचने की कोशिश न करें। उनसे दूर रहने के लिए हवा के रुख़ के साथ न चलें। हर इंसान को ज़िंदगी में बार-बार, बहुत बार यह निर्णय लेना होता है कि वह डरावनी मुश्किलों का सामना करेगा या उनसे दूर भागने की कोशिश करेगा।

सच तो यह है कि ज़्यादातर डर निराधार और खोखले होते हैं। मेरे एक मित्र का अनुमान है कि अपने जीवन में वे जिन चीज़ों से डरते थे, उनमें से 92 प्रतिशत कभी नहीं हुईं। सिर्फ़ 8 प्रतिशत ही सचमुच हुईं और उनके बारे में उन्होंने कहा, "ओह, मैं बस उनके सामने खड़ा हुआ, उन्हें सँभाला और उनसे उबर गया।" उन्होंने आगे कहा, "सारे डरों को नियंत्रित किया जा सकता है।"

डर को ख़त्म करने की तीन क़दमों की योजना

1. *विश्वास से भरपूर व्यक्ति बनने का संकल्प लें।* डर को ख़त्म करने के लिए सबसे बड़ा काम संकल्प के साथ कहना है, "मैं अब चिंता और डर के वश में नहीं रहना चाहता। मैं अपने मन से चिंता और डर को बाहर निकालना चाहता हूँ। अब मैं उनके शिकंजे में नहीं रहना चाहता। मैं इसी समय निर्णय लेता हूँ - मैं इसी समय संकल्प लेता हूँ - मैं इसी समय प्रबल इच्छा करता हूँ - कि मेरी चिंता और डर क़ाबू में आ जाएँ और ख़त्म हो जाएँ और मैं आस्थावान इंसान बन जाऊँ।"

    ज़ाहिर है, आप इन बातों को चाहे जितनी प्रबलता से कह लें, वे अपने आप साकार नहीं हो जाएँगी। वे तो तब साकार होंगी, जब आप उन्हें दृढ़ता से कहेंगे और अपनी इच्छा व निर्णय को साकार करने के लिए सचमुच संकल्पवान होते होंगे।

2. *एक बार में एक डर पर काम करें।* एक काग़ज़ पर उन सभी चीज़ों की सूची बनाएँ, जिनसे आप डरते हैं। जहाँ तक संभव हो, ईमानदारी से पूरी सूची बनाएँ। फिर सावधानी से अपनी सूची का अध्ययन करें और अपने सबसे व्यापक डर का पता लगाएँ। यह वह डर होगा, जो हर दिन मौजूद रहता है और आपको सबसे ज़्यादा परेशान करता है। हाल-फ़िलहाल सिर्फ़ इसी ख़ास डर से जूझने का निर्णय लें।

स्टोनवॉल जैकसन : "अपने डरों से कभी सलाह न लें"

जनरल स्टोनवॉल जैकसन के बारे में पुरानी कहानी याद है? एक रात गृहयुद्ध के दौरान जैकसन अपने सेनापतियों के साथ वार्ता कर रहे थे। वे शेनानडोह घाटी में एक जोखिम भरे आक्रमण की योजना बना रहे थे। आशंकाएँ बहुत सी थीं, लेकिन सफलता की संभावना भी थी।

वार्ता के अंत में जैकसन के एक सेनापति ने कहा, "लेकिन जनरल जैकसन, मैं इससे डर रहा हूँ। मुझे डर है कि हम इसे पूरी तरह नहीं कर पाएँगे।"

कहानी इस तरह है कि जैकसन उठे और अपने अधीनस्थ के कंधे पर हाथ रखकर बोले, "सेनापति, कभी अपने डरों से सलाह न लें। कभी अपने डरों से सलाह न लें।"

मैं यह तरीक़ा इसलिए सुझा रहा हूँ, क्योंकि आपमें सिर्फ़ इतनी शक्ति होती है कि आप एक समय में केवल एक ही डर से मुक़ाबला कर सकते हैं। अगर आप अपने सारे डरों के समूह से एक साथ भिड़ने

की कोशिश करेंगे, तो यह इतना विकट काम होगा कि आप इसमें सफल नहीं हो पाएँगे। पहले आप किसी एक ख़ास डर पर विजय हासिल करते हैं, और फिर दूसरे पर और फिर तीसरे पर। इस तरह जल्दी ही आप अपने डरों के पूरे समूह पर विजय पाने की शक्ति हासिल कर लेंगे।

अमेरिकन इंडियनों को विश्वास था कि किसी योद्धा की खोपड़ी की शक्ति उसे मारने वाले बहादुर इंसान में चली जाती थी। बहादुर अमेरिकन इंडियन उसकी कमर में बँधी खोपड़ियों की संख्या के अनुपात में शक्तिशाली होता था। एक बार में एक-एक डर की खोपड़ी काटें। इस तरह आप जल्दी ही ज़्यादा बड़े व ज़्यादा शक्तिशाली डरों का सामना कर सकते हैं और एक-एक करके उन्हें हरा सकते हैं।

3. *अपनी आस्था को बढ़ाएँ*। एक तीसरी पद्धति है, जिसे आध्यात्मिक क्रैश कोर्स या फटाफट आस्था बढ़ाने की तकनीक कहा जा सकता है। ज़ाहिर है, सबसे अच्छे अर्थों में तो आस्था लंबे समय तक विकसित होने वाली आध्यात्मिक प्रक्रिया का परिणाम होती है। लेकिन चूँकि हमारे सामने डर से निबटने की व्यवहारिक समस्या होती है और हममें इसका प्रतिकार करने की आस्था नहीं होती है, इसलिए हमें अपनी आस्था को तुरंत बढ़ाने की ज़रूरत होती है।

इसके लिए मेरी सलाह है कि आप अपने मन को आस्था की बड़ी "खुराकें" दें। इस दिशा में पूरे जुनून से लगातार काम करें, क्योंकि आपका निश्चित उद्देश्य अपनी चेतना को इससे सराबोर करना है।

धर्मग्रंथों में ऐसे वाक्य या अंश खोजें, जिनमें इंसान के सबसे महान जीवनमूल्य व्यक्त हुए हों। इन्हें बार-बार दोहराएँ, जब तक कि वे इतने शक्तिशाली न बन जाएँ कि आपकी सोच पर हावी हो जाएँ। इसके बाद बहुत ही कम समय में आस्था के ये शक्तिशाली विचार आपके डरों को हटाने लगेंगे।

लोगों के डर को ख़त्म करें

जब मैं पुराने *डेट्रॉयट जरनल* में युवा रिपोर्टर था, तो मेरे संपादक ग्रॉव पैटरसन ने मुझमें कृपापूर्वक रुचि ली। वे तीक्ष्ण बुद्धि वाले, अनुभवी और ज्ञानी इंसान थे। एक दिन उन्होंने मुझे अपने ऑफ़िस में बुलाकर कहा, "नॉर्मन, मुझे महसूस हो रहा है कि तुममें बहुत डर और चिंता भरी है। तुम्हें इससे छुटकारा पाना चाहिए। आख़िर इस संसार में ऐसा है ही क्या, जिससे डरा जाए? तुम्हें, मुझे या किसी और को डरे हुए ख़रगोश की तरह ज़िंदगी क्यों जीनी चाहिए? ईश्वर ने हमें बताया है कि वे हमारी मदद करेंगे और हमारे साथ रहेंगे।"

मुझे वह बातचीत हमेशा याद रहेगी। उन्होंने आगे कहा, "देखो बेटे, मैं तुम्हें थोड़ी सलाह देने जा रहा हूँ। इस संसार में सिर्फ़ ईश्वर से डरना चाहिए और यहाँ डरने का मतलब सचमुच डरना नहीं है। इसका मतलब है कि हमें उनका सम्मान करना चाहिए। किसी और से डरने का सवाल ही नहीं उठता है। इसलिए कभी किसी चीज़ या इंसान से मत डरना।"

मैंने कहा, "लेकिन मि. पैटरसन, यह काफ़ी बड़ा काम है। ऐसा कैसे हो सकता है कि कोई किसी चीज़ या इंसान से डरे बिना ज़िंदगी गुज़ार दे?"

उन्होंने एक लंबी, स्याही लगी अँगुली मेरी तरफ़ उठाई। उन्होंने कहा, "सुनो, मैं तुम्हें इसका तरीक़ा बताता हूँ। 'शक्तिशाली बनो और अच्छा साहस रखो; डरो मत... क्योंकि तुम चाहे जहाँ जाओ, तुम्हारा ईश्वर तुम्हारे साथ है।' बस इस वादे पर भरोसा रखो और यह मत भूलो कि यह वादा उसने किया है, जिसने कभी किसी को निराश नहीं किया है।"

आस्था के दो विचार

- "मैंने ईश्वर को खोजा, और उन्होंने मेरी बात सुनी और मुझे अपने सभी डरों से मुक्ति दे दी।" मैंने ईश्वर को खोजा का मतलब यह है कि मैं उसे खोजने के लिए सचमुच संकल्पवान था और इसी संकल्प की वजह से मैं उन तक पहुँचा।

- "मुझे किसी बुराई का डर नहीं होगा : क्योंकि आप मेरे साथ हैं।" ईश्वर की उपस्थिति को अपने मन में बसा लें और डर दूर भाग जाएगा।

संसार ऐसे व्यक्तियों से भरा है, जो जीवन में सिर्फ़ इसलिए दुखी रहते हैं, क्योंकि दूसरे लोगों का डर उनके व्यक्तिगत संबंधों को प्रभावित कर देता है। कर्मचारी बॉस से डरता है। संकोची व्यक्ति दृढ़ व्यक्तियों से डरता है। मैं ऐसी पत्नियों को जानता हूँ, जो अपने पति से डरती थीं और इसका उलटा

भी होता था; और आजकल यह नज़र आता है कि बहुत से माता-पिता भी दरअसल अपने बच्चों से डरते हैं। कुछ लोग किसी कार्यक्रम या समूह में शामिल होना वास्तव में इसलिए छोड़ देते हैं, क्योंकि वे किसी दूसरे के सामने हीन महसूस करते हैं।

लोगों के डर से कैसे उबरा जा सकता है?

1. *दूसरे संकोची लोगों की मदद करें।* हमेशा यह बात ध्यान रखें कि हर समूह में संकोची लोग होते हैं। यह जानकर आप हैरान हो सकते हैं कि वे कौन हैं; मिसाल के तौर पर, अक्सर सबसे ज़ोर-ज़ोर से बोलने वाला इंसान अपनी हीनता की भावना को छुपाने के लिए इस तरह का नक़ाब ओढ़ता है। समूह में एक संकोची व्यक्ति को चुनें और उस पर ध्यान दें। इससे उसे तो मदद मिलेगी ही, आपको भी दोगुनी मदद मिलेगी।

2. *अपने सच्चे स्वरूप में रहें।* खुद को याद दिलाएँ कि आप विशेष हैं, कि दरअसल आप संसार में अपनी तरह के एकमात्र व्यक्ति हैं। इससे आप गुलामों की तरह दूसरों की नक़ल करने से स्वतंत्र हो जाएँगे। किसी दूसरे जैसा बनने की कोशिश वास्तव में दूसरे लोगों का डर है, या फिर यह अलग दिखने का डर है।

3. *लोगों से प्रेम करें।* लोगों के डर से उबरने का सबसे अच्छा इलाज उनसे प्रेम करना सीखना है। "आदर्श प्रेम डर को बाहर निकाल देता है।" आप दूसरों की जितनी ज़्यादा सच्ची क़द्र और सम्मान करना सीखते

हैं, आप उनकी मौजूदगी में उतने ही कम हीन महसूस करेंगे और उनके साथ आपके संबंध उतने ही ज़्यादा आसान व सामान्य होंगे।

4. *प्रार्थना करें*। उन लोगों के लिए प्रार्थना करें जिनके साथ आप हीन या असहज महसूस करते हैं। ईश्वर से उनकी समस्याएँ सुलझाने की दुआ करें - देखिए, उनके पास भी समस्याएँ होती हैं। समय के साथ उन्हें आपकी प्रार्थनामय परवाह का अहसास हो जाएगा और इसके लिए वे आपकी क़द्र करेंगे।

असफलता के डर को ख़त्म करें

असफलता का डर बहुत से लोगों को बहुत सताता है, हालाँकि यह ऊपर से हमें दिखाई नहीं देता है। यह आपके ख़िलाफ़ काम करने वाला एक ख़तरनाक डर है, क्योंकि यह व्यक्तित्व को पंगु बना सकता है और इस तरह से वही असफलता दिला सकता है, जिससे आप डरते हैं।

समय-समय पर हर व्यक्ति का असफल होना तय है और महत्त्वपूर्ण प्रश्न यह है, आप असफलता पर कैसे प्रतिक्रिया करते हैं? सच कहें, तो असफलता एक उत्कृष्ट शिक्षक बन सकती है - हम अपनी ग़लतियों से यह सीख सकते हैं कि कोई चीज़ कैसे न की जाए। फिर हम अपनी ख़ुद की सफलताओं से यह भी सीख सकते हैं कि कोई चीज़ सही कैसे की जाए। नया और व्यवहारिक ज्ञान पाने के लिए असफलता और सफलता दोनों के भीतर खोजबीन करना महत्त्वपूर्ण है। पहले जो असफलता बहुत बुरी दिख रही थी, उसमें आपको महान उपलब्धियाँ मिल सकती हैं; लेकिन अगर आप असफलता को

असफलता की तरह जारी रहने की अनुमति देते हैं, तो आप हमेशा असफल रहने वाले हैं।

इसलिए जब आप असफलता का अनुभव करें, तो इस पर ज्ञान भरी निगाह डालकर खुद से पूछें कि आप असफल क्यों हुए। फिर ज़्यादा समझदार, सक्षम बनकर दोबारा इसकी ओर लौटें और कभी भी, किसी भी तरह से यह न सोचें कि आप आगे भी असफल होते रहेंगे। इस अभ्यास की बदौलत आपको असफलता की सोच को बाहर रखने और सफलता की सोच को अंदर रखने की प्रक्रिया में शक्ति मिलती है।

प्रेम डर को जीत लेता है

एक युवक ने अपने बॉस के डर के बारे में मुझसे सलाह ली, जो एक कठोर इंसान थे, जिस वजह से बहुत कम लोग उनके क़रीब थे। युवक ने कहा, "जब भी मुझे उनके ऑफ़िस में बुलाया जाता है, तो मैं डर से काँपने लगता हूँ और मेरी नौकरी ऐसी है कि मुझे हर दिन उनके पास जाने की ज़रूरत होती है।" मैंने यह राय दी कि बॉस अपने अकेलेपन या मुश्किलों या व्यक्तिगत अंदरूनी समस्याओं के कारण कठोर और सख़्त दिखते होंगे। मैंने सुझाव दिया कि युवक अपने बॉस के लिए प्रार्थना करे और उनके प्रति दोस्ताना स्नेह के विचार भेजे। उसने शिकायत की, "यह तो स्टील की दीवार में छेद करने जैसा होगा।"

लेकिन जैसा बाद में पता चला, बॉस उतने कठोर नहीं थे, जितना उनकी आत्म-रक्षा की

कोशिशों से नज़र आता था। जब युवा कर्मचारी ने अपना नज़रिया बदलकर इंसान के रूप में बॉस का सम्मान किया, तो उनके बीच अच्छे संबंध बन गए और बॉस का डर धीरे-धीरे ख़त्म हो गया। यह मानव संबंधों का सरल नियम है : वास्तविक प्रेम और मित्रता दूसरे लोगों के डर पर विजय पा लेती है।

दूसरे लोगों के डर से पूर्ण स्वतंत्रता तब मिलती है, जब आप अपने संकोच से उबरते हैं और सामने वालों की आवश्यकताओं के बारे में पूरी तरह से जागरूक बनते हैं।

इस संसार में असफलता के डर से उबरने में जितनी संतुष्टि मिलती है, किसी दूसरी चीज़ में नहीं मिलती। अगर आप योजना बनाकर, सीखकर, सोचकर, अध्ययन करके, काम करके, विश्वास करके और प्रार्थना करके सामने से हमला करने की तैयारी करते हैं, तो आपके पास वे सारे अस्त्र होंगे, जिनकी ज़रूरत आपको असफलता के पीड़ादायक डर पर विजय पाने के लिए होगी।

साहस का रहस्य

साहस का रहस्य अपने मन में मौजूद असफलता की भावनाओं को ईमानदारी से स्वीकार करना है - फिर ईश्वर की मदद से आगे बढ़ना है और उन भावनाओं के बावजूद अपना काम करना है। इस नीति से डर क़ाबू में रहता है। मॉरिस शेवालियर अपने युग के महानतम कलाकार थे। करियर के बीच में

अचानक एक रात को मंच पर जाने से पहले उनका सिर घूमने लगा। उन्हें लगा, जैसे उनके दिमाग़ में आग लग गई हो। शब्द बोलने के संकेत दूर से आते लग रहे थे। उन्होंने पटरी पर लौटने की काफ़ी कोशिश की, लेकिन उनका मन बहुत उलझा हुआ था। वे पूरी तरह पराजित महसूस करने लगे।

उनके साथी अभिनेताओं ने उस रात और कई सप्ताह तक उनकी असहजता को छिपाया, लेकिन मॉरिस की ज़िंदादिली और सहजता खो चुकी थी, जो उनकी पहचान थी। अब वे हिचकते थे, हकलाते थे, अटकते थे। इस महान कलाकार के पेशेवर जीवन में असफलता पहली बार आई थी।

आराम करने की हिदायत मिलने के बाद मॉरिस शेवालियर फ़्रांस के दक्षिणी हिस्से में डॉ. रॉबर्ट डुबॉय के पास गए। उन्होंने डॉक्टर से कहा, "मैं हार गया हूँ। मुझे असफल होने का डर है। अब मेरा कोई भविष्य नहीं है।" उनके क्षतिग्रस्त नर्वस सिस्टम या तंत्रिका तंत्र को सही करने के लिए उन्हें लंबा टहलने की सलाह दी गई। लेकिन अंदरूनी उथलपुथल फिर भी ख़त्म नहीं हुई। उनका सारा आत्मविश्वास खो गया था और वे डरे हुए थे, बहुत डरे हुए थे।

कुछ समय बाद डॉक्टर ने सलाह दी कि वे छोटे कस्बे के हॉल में एक छोटे समूह के सामने अपनी कला का प्रदर्शन करें। मॉरिस ने कहा, "लेकिन मुझे इस विचार से दहशत हो रही है। इस बात की क्या गारंटी है कि मेरा दिमाग़ ख़ाली नहीं हो जाएगा?"

डॉक्टर ने धीरे-धीरे कहा, "कोई गारंटी नहीं है। लेकिन आपको असफल होने से नहीं डरना चाहिए। आप दोबारा मंच पर पहुँचने से डर रहे हैं और इस तरह खुद को बता रहे हैं

कि आप ख़त्म हो चुके हैं। लेकिन डर कभी इतना बड़ा कारण नहीं होता कि कोशिश करना ही छोड़ दी जाए : यह सिर्फ़ एक बहाना है। जब कोई बहादुर व्यक्ति डर का सामना करता है, तो वह अपने डर को स्वीकार करता है और इसके बावजूद आगे बढ़ता रहता है।"

मॉरिस ने उस छोटे कस्बे में अपना वापसी प्रदर्शन करने से पहले डर की अनकही पीड़ा झेली, लेकिन उन्होंने हिम्मत करके काम किया और उनका प्रदर्शन बहुत अच्छा रहा। खुशी उनके भीतर उमड़ रही थी। "मैं जानता था कि मैं डर को जीत नहीं पाया हूँ। मैंने इसे बस स्वीकार कर लिया था और इसके बावजूद आगे बढ़ा था; और यह योजना कारगर हो गई।"

उस रात के बाद मॉरिस शेवालियर ने बहुत सारी जगहों पर दर्शकों के सामने अपनी कला का प्रदर्शन किया। उन्होंने कहा, "डर के बहुत सारे पल रहे हैं। डॉक्टर की बात सही थी; कोई गारंटी नहीं है। लेकिन उसके बाद से मैंने डर की वजह से कभी मैदान नहीं छोड़ा।" मॉरिस ने आगे कहा, "मेरे खुद के अनुभव ने मुझे यह सिखाया है। अगर आप आदर्श पल का इंतज़ार करते हैं, जब सब कुछ सुरक्षित और निश्चित हो, तो हो सकता है कि वह पल कभी आए ही नहीं। लोग पहाड़ों पर नहीं चढ़ पाएँगे, दौड़ में कभी नहीं जीत पाएँगे या स्थायी खुशी हासिल नहीं कर पाएँगे।"

इसलिए डरने से न डरें। ईमानदारी से अपने डर को स्वीकार करें और फिर इस तरह काम करें, मानो आपको डर न लग रहा हो – ईश्वर की सहायता से आगे बढ़ें और डर को पूरी तरह नज़रअंदाज़ करते हुए अपना काम करें।

अध्याय 3

उत्साही

जीवन रोमांचक है!

इमर्सन ने लिखा था, "उत्साह के बिना कोई महान चीज़ कभी हासिल नहीं हुई।"

उत्साह एक असाधारण और प्रगतिशील गुण है। उत्साही नज़रिया इतना शक्तिशाली और अजेय होता है कि यह अपने सामने की सारी बाधाओं को साफ़ कर देता है। यह व्यक्तित्व को सजीव बनाता है और सोई हुई शक्तियों को जगा देता है।

उत्साह और आस्था में थोड़ा सा ही फ़र्क़ होता है। शायद हम उत्साह को ऐसी आस्था कह सकते हैं, जो प्रज्ज्वलित हो गई है। उत्साह ईश्वर के सबसे बड़े उपहारों में से एक है।

> कोई भी इतना बूढ़ा नहीं है, जितने वे लोग जिनका उत्साह ख़त्म हो चुका है।
> —हेनरी डेविड थोरो

किसी छोटे बच्चे में सबसे असाधारण गुण क्या होता है? यह उत्साह है! वह संसार को शानदार मानता है; वह इससे प्रेम करता है। संसार की हर चीज़ उसे सम्मोहित करती है। हक्सले ने कहा था कि बुद्धिमानी का रहस्य बालपन के भाव को बुढ़ापे तक क़ायम रखना है, जिसका मतलब है कि हमें कभी भी अपना उत्साह नहीं खोना चाहिए। लेकिन बहुत कम लोग ही इस रोमांच को क़ायम रख पाते हैं और इसका एक कारण यह है कि वे अपने उत्साह को धीरे-धीरे करके बह जाने देते हैं। अगर आपको जीवन से उतना ज़्यादा नहीं मिल रहा है, जितना आप चाहते हैं, तो अपने उत्साह की जाँच करें।

उत्साह की नज़रों से

मेरी अपनी माँ सबसे उत्साही लोगों में से एक थीं। उन्हें बेहद साधारण घटनाओं पर भी भारी रोमांच की अनुभूति होती थी। उनमें हर चीज़ में रोमांस और सौंदर्य देखने की क़ाबिलियत थी। मुझे एक कोहरे भरी रात याद है, जब मैं उनके साथ एक बड़ी नाव में न्यू जर्सी से न्यू यॉर्क सिटी आ रहा था। नाव के आस-पास के घने कोहरे में मुझे कुछ ख़ास सुंदर नहीं दिखाई दिया, लेकिन मेरी माँ चहकते हुए बोलीं, "कितना रोमांचक है?"

मैंने पूछा, "क्या रोमांचक है?"

उन्होंने कहा, "देखो तो सही! कोहरा, रोशनियाँ, वह दूसरी नाव जिसे हमने अभी-अभी पार किया है! देखो तो सही, इसकी बत्तियाँ कितने रहस्यमय तरीक़े से धुंध में खो जाती हैं।"

तभी हमें धुंध की सफ़ेद चादर में से कोहरा भोंपू की आवाज़ सुनाई दी। मेरी माँ का चेहरा किसी रोमांचित बच्चे

जैसा खिल गया। मुझे इस यात्रा के बारे में कोई सुंदर चीज़ महसूस नहीं हुई थी; मैं तो नदी पार करने की जल्दी में था।

उस रात रेलिंग पर खड़े होकर उन्होंने मुझे मूल्यांकन करती निगाह से देखा। उन्होंने नरमी से कहा, "नॉर्मन, मैं तुम्हें ज़िंदगी भर से सलाह देती आ रही हूँ। इसमें से कुछ तुमने मानी है; कुछ नहीं मानी है। लेकिन अब मैं एक ऐसी सलाह दे रही हूँ, जो मैं चाहती हूँ कि तुम मान लो। इसी समय अपने मन में यह बात बैठा लो कि संसार सौंदर्य और रोमांच से भरा हुआ है। इसके प्रति खुद को संवेदनशील रखो। संसार से, इसकी सुंदरता से और इसके लोगों से प्रेम करो।" जो भी इंसान इस सरल सलाह पर चलेगा, उसे प्रचुर उत्साह का वरदान मिलेगा और उसका जीवन खुशियों से भर जाएगा।

"मिस नोबडी"

एक रात मैं "मिस नोबडी" से मिला। वेस्ट कोस्ट सिटी में एक व्याख्यान देने के बाद एक युवा महिला ने मुझसे मरियल अंदाज़ में हाथ मिलाया और धीरे से कातरता भरी आवाज़ में बोली, "मैं आपसे हाथ मिलाना चाहती थी, लेकिन मुझे दरअसल आपको तकलीफ़ नहीं देनी चाहिए थी। यहाँ पर इतने सारे महत्त्वपूर्ण लोग हैं और मैं कोई नहीं (नोबडी) हूँ।"

"कृपया यहीं रुकें; मैं आपसे बातचीत करना चाहूँगा।" बाद में मैंने कहा, "अब मिस नोबडी, आइए हम थोड़ी बातचीत करते हैं।"

उसने हैरानी से पूछा, "आपने मेरा क्या नाम लिया?"

"मैंने आपका वही नाम लिया, जो आपने मुझे बताया था। आपने मुझे बताया था कि आप कोई नहीं (नोबडी) हैं।

क्या आपका कोई दूसरा नाम भी है?”

उसने कहा, “ज़ाहिर है! देखिए, मुझमें काफ़ी हीन भावना है। मैं इस उम्मीद से आपका व्याख्यान सुनने आई थी कि आप ऐसा कुछ कहेंगे, जिससे मुझे मदद मिलेगी।”

मैंने जवाब दिया, “देखो, मैं यह बात आपसे इसी वक़्त कह रहा हूँ, आप ईश्वर की संतान हैं।” मैंने उसे सलाह दी कि वह हर दिन तनकर खड़ी हो और ख़ुद से कहे, “मैं ईश्वर की संतान हूँ।” मैंने उसे इस पुस्तक की कुछ तकनीकें बताईं, जिनसे उसका उत्साह और आत्मविश्वास बढ़े।

कुछ समय बाद उसी इलाक़े में दोबारा भाषण देने गया। भाषण के बाद एक आकर्षक युवा महिला ने मेरे पास आकर पूछा, “आपने मुझे पहचाना? मैं पुरानी मिस नोबडी हूँ।” उसका उत्साही अंदाज़ और उसकी आँखों की चमक उसमें हुए परिवर्तन को बयां कर रहे थे।

यह घटना एक महत्त्वपूर्ण सच्चाई का प्रमाण है। आप बदल सकते हैं! कोई भी बदल सकता है! और नीरस नोबडी (कोई नहीं) से उत्साही समबडी (बहुत कुछ) बन सकता है।

उत्साह कैसे विकसित करें

1. *दिन की सही शुरुआत करें*। जागने के पाँच मिनट के भीतर ही आप किसी दिन की दिशा तय कर सकते हैं। हेनरी थोरो सुबह उठते ही बिस्तर पर लेटे रहते थे और ख़ुद को वे सारी अच्छी ख़बरें बताते थे, जिनके बारे में वे सोच सकते थे। इसके बाद वे अच्छी घटनाओं, अच्छे लोगों और अच्छे अवसरों से भरे संसार में बाहर निकलने के लिए तैयार हो जाते थे।

प्रख्यात व्यवसायी स्वर्गीय विलियम एच. डैनफ़ोर्थ ने कहा था, "हर सुबह ख़ुद को अपनी पूरी ऊँचाई तक तानें और तनकर खड़े हों। फिर ऊँचे विचार सोचें, महान विचार सोचें, उन्नत विचार सोचें। इसके बाद बाहर निकलें और ऊँचे काम करें। ऐसा करेंगे, तो ख़ुशी आपकी ओर प्रवाहित होने लगेगी।"

दिन भर उत्साह फैलाते रहें और रात को आपके पास उत्साह का इतना भंडार जमा हो जाएगा, जितना आपके पास पहले कभी नहीं रहा होगा।

2. *बाइबल पढ़ें*। यह उत्साह उत्पन्न करने वाले अंशों से भरी हुई है। मिसाल के तौर पर, इससे ज़्यादा प्रेरक वाक्य और क्या हो सकते हैं, "जो इंसान विश्वास करता है, उसके लिए सारी चीज़ें संभव हैं," और "आप पूरे यक़ीन से प्रार्थना में जो भी माँगेंगे, वह आपको मिल जाएगा?"

बाइबल रोमांच और उत्साह से जगमगाती है। यह कहती है, "अपने मन के भाव में नवीन बनें;" सिर्फ़ मन की सतह पर ही नहीं, बल्कि उस गहरे भाव में जो आपके विचारों को सक्रिय करता है। *बाइबल* के महान अंशों से अपने मन को सराबोर कर लें। फिर मार्गदर्शन के लिए ईश्वर से प्रार्थना करें और काम में जुट जाएँ!

> **आस्था बढ़ाने वाले दो अंश**
>
> - जीवन की हर सुबह और शाम ये शब्द कहें : "ईश्वर की मदद से मैं सारी चीज़ें कर सकता हूँ, जो मुझे शक्ति देते हैं।"
>
> - हर दिन तीन बार कहें : "यह वह दिन है, जिसे मालिक ने बनाया है। हम इसमें आनंदित और खुश होंगे।"

3. *जीवन और लोगों से प्रेम करें।* आसमान से प्रेम करें, सुंदरता से प्रेम करें, ईश्वर से प्रेम करें। जो व्यक्ति प्रेम करता है, वह हमेशा उत्साही रहता है। आज ही जीवन के प्रेम को विकसित करना शुरू कर दें। फ़्रेड जैसा नज़रिया रखें, जो एक छोटा रेस्तराँ चलाता है।

उसने काउंटर पर अपना बड़ा हाथ रखते हुए मुझसे पूछा, "भाई, आप क्या लेंगे?"

"क्या आप फ़्रेड हैं?"

"हाँ।"

"लोगों के अनुसार आपके हैमबर्गर बहुत अच्छे होते हैं।"

"भाई, आपने कभी ऐसे हैमबर्गर नहीं खाए होंगे।"

"ठीक है, तो मुझे एक हैमबर्गर दे दें।"

काउंटर पर एक बुजुर्ग व्यक्ति बैठा था, जो काफ़ी दुखी दिख रहा था। उसके कंधे झुके थे और हाथ काँप रहे थे। मेरे सामने हैमबर्गर रखने के बाद फ्रेड ने उसके हाथ पर हाथ रखा।

वह बोला, "सब ठीक हो जाएगा, बिल, सब ठीक है! मैं आपके लिए उस बेहतरीन गरमागरम सूप का प्याला बना देता हूँ, जो आपको पसंद है।" बिल ने कृतज्ञता से सिर हिला दिया।

एक और बुजुर्ग आदमी अपना बिल चुकाने आया। फ्रेड ने कहा, "मि. ब्राउन, एवेन्यू में कारों पर निगाह रखना। वे रात को बहुत तेज़ी से आती हैं।" फिर वह आगे बोला, "नदी में चाँदनी पर भी एक नज़र डाल लेना। आज रात यह काफ़ी सुंदर छटा बिखेर रही है।"

अपना बिल चुकाने के बाद मैं यह टिप्पणी किए बिना नहीं रह पाया, "मेरे दोस्त, आप जानते हैं? आप इन बुजुर्ग लोगों से जिस तरह बात कर रहे थे, वह तरीक़ा मुझे पसंद आया। आपने उन्हें यह अहसास दिलाया कि जीवन अच्छा है।"

"क्यों नहीं?" उसने पूछा। "जीवन सचमुच अच्छा है। मेरे जीवन में बहुत रोमांच है। ये बुजुर्ग लोग काफ़ी दुखी हैं और मेरा रेस्तराँ उनके लिए घर जैसा है। वैसे भी मैं उन्हें पसंद करता हूँ।"

आवश्यकताएँ खोजें और उन्हें पूरा कर दें! इससे आपके जीवन में सच्चा उत्साह भर जाएगा!

> "सबसे बुरा दिवालिया वह इंसान है,
> जिसने अपना उत्साह खो दिया है।
> इंसान अगर अपने उत्साह के सिवा
> संसार की बाक़ी हर चीज़ खो दे, तब
> भी वह दोबारा सफल हो जाएगा।"
>
> —एच. डब्ल्यू. अरनॉल्ड

4. *अपनी ऊर्जा के स्तर की रक्षा करें।* उत्साह से भरे रहने के लिए, जैसा ईश्वर आपको बनाना चाहता था, जितनी ऊर्जा ख़र्च करें, उससे ज़्यादा ग्रहण करें। यदि आप लगातार तनाव में रहते हैं, तो आपकी ऊर्जा घट जाती है और आपका उत्साह भी।

इसलिए "सब कुछ छोड़ो और ईश्वर को पकड़ो" की महान तकनीक पर चलें। ईश्वर से बुद्धिमत्ता माँगें, मार्गदर्शन माँगें और फिर जीवन को सर्वश्रेष्ठ दें।

अपनी सबसे अच्छी कोशिश के बाद परिणाम ईश्वर पर छोड़ दें और उसकी समझदारी पर भरोसा रखें। आप पाएँगे कि आपका नवीनीकरण हो गया है। आप नई ऊर्जा और नया उत्साह पाएँगे।

उत्साह को हावी हो जाने दें!

मैं मशहूर फ़ुटबॉल कोच विन्स लॉम्बार्डी को जानता था। जब वे ग्रीन बे पैकर्स में आए, तो उनके सामने एक पराजित, हताश टीम थी। वे खिलाड़ियों के सामने खड़े हुए, काफ़ी देर तक

ख़ामोशी से उन्हें देखते रहे। इसके बाद धीमी लेकिन गहरी आवाज़ में बोले, "सज्जनों, हम एक महान फुटबॉल टीम बनाने जा रहे हैं। हम मैच जीतने जा रहे हैं। यह बात समझ लें। आप व्यूहरचना सीखने जा रहे हैं। आप दौड़ना सीखने जा रहे हैं। आप मुक़ाबला करना सीखने जा रहे हैं। आप प्रतिस्पर्धी टीमों से बेहतर खेलने जा रहे हैं। यह बात समझ लें।"

"और यह कैसे होगा?" उन्होंने आगे कहा। "आपको मुझ पर भरोसा करना होगा और मेरी पद्धति के प्रति उत्साही बनना होगा। असल कुंजी यह है कि यहाँ ऊपर क्या जाता है (और उन्होंने अपनी कनपटी को थपथपाया)। मैं चाहता हूँ कि आज के बाद आप जब भी सोचें, सिर्फ़ तीन चीज़ों के बारे में सोचें : आपका परिवार, आपका धर्म और ग्रीन बे पैकर्स, इसी क्रम में! उत्साह को ख़ुद पर हावी हो जाने दें!"

डब्ल्यू. क्लीमेंट स्टोन : "स्व-प्रेरकों" की शक्ति

डब्ल्यू. क्लीमेंट स्टोन सचमुच उत्साही इंसान थे। मैंने उनसे उनके उत्साह का रहस्य पूछा।

उन्होंने जवाब दिया, "जैसा आप जानते हैं, भावनाएँ हमेशा तुरंत तर्क के अधीन नहीं होतीं, लेकिन वे हमेशा कार्य (मानसिक या शारीरिक) के अधीन होती हैं। यही नहीं, उसी विचार या शारीरिक कार्य का दोहराव एक आदत बन जाता है, जिसे पर्याप्त बार दोहराने से वह स्वचालित कार्य बन जाता है।"

"और इसीलिए मैं स्व-प्रेरकों का इस्तेमाल करता हूँ। स्व-प्रेरक एक दृढ़ संकल्प है, जिसका इस्तेमाल आप खुद को मनचाहे कार्य की ओर बढ़ाने के लिए जान-बूझकर करते हैं। आप सुबह पचास बार... रात को पचास बार... एक सप्ताह या दस दिनों तक शाब्दिक स्व-प्रेरकों को दोहराते हैं, ताकि ये शब्द आपकी स्मृति में अमिट रूप से अंकित हो जाएँ।"

कुछ स्व-प्रेरक हैं :

- *ईश्वर हमेशा अच्छा ईश्वर है!*

- *आपके पास समस्या है... यह अच्छी बात है!*

- *हर विपत्ति में समान या ज़्यादा बड़े लाभ का बीज है।*

- *एक अच्छा विचार खोजें, जो काम करे और... फिर उस एक विचार पर काम करें!*

- *इसे अभी कर दें!*

- *उत्साही बनने के लिए... उत्साह से... काम करें!*

खिलाड़ी अपनी कुर्सियों पर तनकर बैठ गए। बाद में क्वार्टरबैक ने लिखा, "जब मैं उस मीटिंग से बाहर निकला, तो दस फुट लंबा महसूस कर रहा था!" उस साल उन्होंने सात मैच जीते, लगभग उन्हीं खिलाड़ियों के साथ, जो पिछले साल दस मैच हारे थे। अगले साल उन्होंने डिवीज़न का ख़िताब जीता और तीसरे

साल विश्व चैंपियनशिप जीत ली। क्यों? क्योंकि कड़ी मेहनत, क़ाबिलियत और खेल प्रेम के अलावा उत्साह से फ़र्क़ पड़ा।

ग्रीन बे पैकर्स के साथ जो हुआ, वह किसी चर्च, किसी कंपनी, किसी देश और किसी इंसान के साथ भी हो सकता है। मस्तिष्क में जो भी जाता है, उसी से परिणाम तय होता है। जब कोई इंसान सचमुच उत्साही बन जाता है, तो यह उसकी आँखों की चमक, उसके फुर्तीले और जोशीले व्यक्तित्व में साफ़ दिखता है। आप इसे उसके क़दमों की लचक में देख सकते हैं। आप इसे उसके पूरे अस्तित्व के जोश में देख सकते हैं। उत्साह दूसरे लोगों, नौकरी, संसार के प्रति उसका नज़रिया बदल देता है। इससे पूरे जीवन के जोश और आनंद में बहुत बड़ा फ़र्क़ पड़ता है।

क्या आप जोशीले हैं? क्या आप उत्साही हैं?

उसने उत्साह का अभ्यास करना सीखा

मान लें, जीवन ने आपके साथ कठोर बर्ताव किया है और आपका जोश, उत्सुकता, रोमांच और उत्साह काफ़ूर हो गया है। इन्हें दोबारा कैसे पाएँ? ईश्वर की महानतम तकनीकों में से एक – पुनर्जन्म – के ज़रिये। एक बार मैं एक दक्षिणी कस्बे में बीस लोगों के साथ डिनर ले रहा था, जिनमें दस पादरी थे और दस आम आदमी। एक आदमी ख़ास तौर पर कुशल कथाकार दिख रहा था। मैंने अपने बग़ल में बैठे पादरी से कहा, "इस आदमी में वाक़ई कोई ख़ास बात है।"

"उसमें वाक़ई है।" पादरी ने जवाब दिया। "वह मेरे ही चर्च का सदस्य है। वह मेरा प्रमाण क्रमांक एक है।"

"प्रमाण क्रमांक एक से आपका क्या आशय है?"

“आपको उसे कुछ साल पहले देखना चाहिए था। वह इतनी शिकायतें करता था और चिड़चिड़ा था कि लोग उससे दूर छिटकते थे। उसके दिल के आस-पास दर्द रहता था, उसके हाथों में ऊपर दर्द रहता था और वह हाँफता रहता था। वह रोगभ्रमी था। वह एक के बाद एक डॉक्टरों के क्लीनिकों के चक्कर लगाता रहता था। वह कस्बे में किसी भी दूसरे व्यक्ति से ज़्यादा गोली-दवाई लेता था, लेकिन उनसे कोई मदद नहीं मिली। व्यवसाय शानदार होने के बावजूद वह कभी ख़ुश नहीं रहता था।”

“आख़िरकार एक डॉक्टर ने उसे शिकागो के एक विशेषज्ञ के पास भेज दिया। शिकागो का वह विशेषज्ञ बहुत समझदार था। उसने हमारे मित्र को बताया कि आपके ये दर्द दरअसल छद्म-दर्द हैं। उनका कोई शारीरिक कारण नहीं है; वे तो बस ग़लत, अस्वस्थ सोच से उत्पन्न हुए हैं। अपनी सोच को बदल लें, सचमुच उत्साही जीवन जीना शुरू करें। आप अच्छे हो जाएँगे। यही मेरा नुस्ख़ा है। अब मेरी पंद्रह सौ डॉलर की फ़ीस दे दें।”

उस आदमी ने आश्चर्य से कहा, “पंद्रह सौ डॉलर! किस बात के?”

“आपको यह बात बताने के लिए कि स्वस्थ होने के लिए आपको क्या करना चाहिए। आप भी अपने कारोबार में काफ़ी फ़ीस लेते हैं। मैं भी यही करता हूँ।” (डॉक्टर ने बाद में बताया कि वे जानते थे कि यह आदमी उनकी सलाह को तब तक महत्त्व नहीं देगा, जब तक कि उसे इसके लिए अच्छे पैसे न चुकाने पड़ें।)

डॉक्टर को फ़ीस देने के बाद यह असंतुलित आदमी घर लौटा और तुरंत अपने पादरी के पास जाकर बोला, "शिकागो के डॉक्टर ने मुझसे कहा है कि मैं अपनी सोच सही कर लूँ। आप जानते हैं, वह एक नंबर का लुटेरा है! उसने मुझे पंद्रह सौ डॉलर की फ़ीस झटक ली। अब सवाल यह है कि मैं अपनी सोच को सही कैसे कर सकता हूँ? मैं अपने पंद्रह सौ डॉलर की क़ीमत वसूल करके रहूँगा, चाहे इसके लिए मुझे कुछ भी क्यों न करना पड़े!" (जो डॉक्टर ने पहले से ही सोच लिया था।)

पादरी ने कहा, "ठीक है जिम, आप यहाँ से कितनी दूर रहते हैं? पाँच मील? मुझे आपकी कार में शोफ़र बैठा दिख रहा है। उसे बुलाएँ और अकेले ही घर लौटने को कहें। मैं चाहता हूँ कि आप पैदल चलकर घर जाएँ। पैदल चलते वक़्त आप ईश्वर को अपने पैरों के लिए धन्यवाद दें। ईश्वर को इस बात के लिए धन्यवाद दें कि आप शिकागो गए और आपको यह बताया गया कि आपका शरीर बिलकुल स्वस्थ है। पैदल घर लौटते समय जीवन के प्रति उत्साह का अभ्यास करें, अपने प्रति उत्साह का अभ्यास करें, रास्ते में पड़ने वाले देवदार के जंगल के प्रति उत्साह दिखाने का अभ्यास करें, अपने सभी मित्रों के प्रति, अपने चर्च के प्रति, ईश्वर के प्रति उत्साह का अभ्यास करें। मैं चाहता हूँ कि कल आप दोबारा पैदल चलकर यहाँ आएँ और मुझे बताएँ कि आप कैसा महसूस करते हैं।"

वह आदमी मान गया और उसने पादरी से कहा कि वे भी उसके साथ पैदल चलें। पादरी उस आदमी के साथ कुल मिलाकर पच्चीस मील तक पैदल चले, जब तक कि एक दिन उन्होंने उस आदमी को यह चुनौती नहीं दी, "आप सब कुछ छोड़कर अपने जीवन की बागडोर ईश्वर के हाथों में क्यों नहीं थमा देते?" उस आदमी ने ऐसा ही कर दिया।

"यह है आपका कथाकार," पादरी ने निष्कर्ष में मुझे बताया। "प्रमाण क्रमांक एक। उसने उत्साह का अभ्यास करना सीख लिया है और वह स्वस्थ हो चुका है – और सुखी भी।"

अध्याय 4

शांतिपूर्ण

मुझे चिंता करने की कोई ज़रूरत नहीं है

आपके दिमाग़ में जो भी चीज़ चलती है, आपका शरीर उसके प्रति संवेदनशील होता है। अगर आपके दिमाग़ में चिंता रहती है, तो इसका आपके शरीर के सभी अंगों पर विनाशकारी प्रभाव हो सकता है। यह इस तरह होता है।

चिंता का एक विचार चेतना में एक हल्की सी लकीर या नाली बना देता है। बार-बार दोहराए जाने पर यह विचार गहरा होकर डर या चिंता की नहर बन जाता है। इसके बाद आपके मन में जो भी विचार आता है, लगभग हर विचार चिंता के रंग में डूबा होता है। फलस्वरूप आप भयभीत इंसान बन जाते हैं और हमेशा चिंता करते रहते हैं। इस प्रक्रिया के ज़रिये आप एक ऐसा मानसिक परिवेश बना देते हैं, जिसमें चिंता फलती-फूलती है, विकास करती है और अंततः आपके पूरे जीवन अनुभव पर क़ब्ज़ा कर लेती है।

इस दुखद प्रक्रिया को रोकने का पहला क़दम तो यह है कि आप चिंता के साँचे में ढले मानसिक परिवेश को नया बना

लें, और इसकी जगह पर धीरे-धीरे एक आध्यात्मिक परिवेश रखें। यह चेतना में एक बिलकुल नई विचार-प्रणाली को भरकर किया जा सकता है।

डॉक्टर के पर्चे में उपचार का प्रतीक है आरएक्स, "यह लें।" हमारा सुझाव है कि आप अपने दिमाग़ में ईश्वर के महान शब्द ग्रहण करें : "यह लें।" इसे अपने चेतना नियंत्रण केंद्र में गहराई तक घुल जाने दें, जहाँ आपके जीवन का साँचा बनता है। यदि इसे दृढ़ अंदाज़ में क़ायम रखा जाए, तो यह आपके विचारों से उन संक्रमणों को बाहर भगा देता है, जो इतने लंबे समय से चिंता के रोग को पोषण दे रहे थे।

आरएक्स : चिंता के लिए सात सप्ताह का इलाज

अगले रविवार चिंता को दूर भगाने के लिए सात सप्ताह का उपचार शुरू करें। अपने मन में *बाइबल* के शक्तिशाली उपचारक छंद भर लें, जो मानसिक स्वास्थ्य पर सबसे महान पुस्तक है।

मिसाल के तौर पर, रविवार को उस सप्ताह के लिए एक छंद याद कर लें। सोमवार को जब भी चिंता का कोई विचार उभरे, तो तुरंत उस छंद को ज़्यादा से ज़्यादा बार दोहराएँ। यही मंगलवार से शनिवार तक करें। फिर अगले रविवार को सुझाया गया दूसरा छंद याद करें और यही प्रक्रिया दोहराएँ।

इस पूरे समय में और निश्चित रूप से सातवें सप्ताह के अंत तक ये छंद आपकी मानसिक और आध्यात्मिक अवस्था पर इतना शक्तिशाली असर डालेंगे कि व्यापक उपचारक प्रक्रिया शुरू हो जाएगी। यदि इसे दृढ़ता से जारी रखा जाए, तो चिंता के पंगु बनाने वाले रोग का पूरा इलाज हो जाएगा और आप एक नया चिंतारहित जीवन जीने लगेंगे।

सप्ताह 1 : अगले रविवार को उपचार शुरू करें और अपने मन में इस सप्ताह का उपचारक विचार भर लें : "ईश्वर की मदद से मैं सारी चीज़ें कर सकता हूँ, जो मुझे शक्ति देते हैं।" इस वाक्य को पूरे सप्ताह हर दिन ज़्यादा से ज़्यादा दोहराएँ; ख़ास तौर पर तब जब चिंता का कोई विचार आए।

सप्ताह 2 : दूसरे रविवार और उस पूरे सप्ताह अध्यात्म की दवा "लें" : "आप उसे पूर्ण शांति में रखेंगे, जिसका मन आपमें लगा है : क्योंकि उसे आप पर भरोसा है।" इसे ज़ोर-ज़ोर से बार-बार तब तक कहते रहें, जब तक कि यह चेतना में न समा जाए। इससे शांति का एक ऐसा मानसिक परिवेश बन जाएगा, जिसमें चिंता ज़िंदा नहीं रह सकती।

सप्ताह 3 : इस रविवार और आने वाले सप्ताह के दौरान इस बात को याद करें : "मुझे किसी बुराई का डर नहीं होगा : क्योंकि आप मेरे साथ हैं।" ईश्वर की उपस्थिति के इस शक्तिशाली विचार को कई बार दोहराएँ और यह काम सप्ताह में हर दिन करें। चिंता उस मन में नहीं रह सकती, जिसमें ईश्वर मौजूद है। अपने मन को ईश्वर से भर लें।

सप्ताह 4 : इस सप्ताह हर दिन एक और खुराक लें : "और मैं तुमसे कहता हूँ, माँगो और यह तुम्हें दे दिया जाएगा; खोजो और तुम पा लोगे; खटखटाओ और यह तुम्हारे लिए खोल दिया जाएगा।" एक बार फिर, इस कथन को ज़्यादा से ज़्यादा बार दोहराएँ और इसका उपचारक संदेश अपने मन में ज़्यादा गहराई तक समा जाने दें।

सप्ताह 5 : पाँचवें रविवार को और इस पूरे सप्ताह इस बात को याद करें : "यदि तुम मुझमें बसते हो और मेरे

शब्द तुममें बसते हैं, तो तुम जो चाहे माँगो, और वह तुम्हें दे दिया जाएगा।" "बसते हो" अवधारणा महत्त्वपूर्ण है, क्योंकि यह स्थायी निवास का संकेत देती है। जब ईश्वर आपके मन में हमेशा वास करता है, तो चिंता वहाँ मौजूद नहीं रह सकती, क्योंकि ईश्वर और चिंता परस्पर विरोधी हैं। उनमें से एक को जाना होगा – और यह निश्चित रूप से ईश्वर नहीं होगा।

जब आप चिंतित हों, तो यह प्रार्थना करें

हे ईश्वर, मैं चिंतित और भयभीत हूँ। चिंता और डर मेरे दिमाग़ में भरे हुए हैं। कहीं ऐसा तो नहीं कि आपके प्रति मेरा प्रेम कमज़ोर है, अधूरा है और इसी कारण मैं चिंता से परेशान हूँ?

मैंने खुद को तसल्ली देने की कोशिश की है कि चिंता करने की कोई बात नहीं है। लेकिन इस तरह की तसल्ली से कोई मदद नहीं मिलती है। मैं जानता हूँ कि मुझे आपकी प्रेमपूर्ण परवाह और मार्गदर्शन पर विश्वास करके चैन से रहना चाहिए। लेकिन मैं इतना घबरा रहा हूँ कि यह नहीं कर पाता।

प्रिय मालिक, अपनी शांति से मुझे स्पर्श करें और मेरे विचलित मस्तिष्क को विश्वास दिला दें कि आप ईश्वर हैं और मुझे किसी बुरी बात का डर नहीं होना चाहिए। ईश्वर के नाम पर मैं यह प्रार्थना समर्पित करता हूँ। आमीन।

सप्ताह 6 : छठे रविवार और अगले सप्ताह अपने विचारों में यह खुराक लें : "आप जिन भी चीज़ों की इच्छा करते हैं, प्रार्थना करते समय उनके मिलने का विश्वास रखें और आप उन्हें पा लेंगे।"

सप्ताह 7 : आख़िरी सप्ताह में आध्यात्मिक उपचार के लिए आरएक्स दवा है : "अपनी सारी चिंता का बोझ उस पर डाल दो; क्योंकि वह तुम्हारी परवाह करता है।" इसका आशय है कि ईश्वर आपसे प्रेम करता है और आप जिस भी बारे में चिंता कर रहे हैं, वह उस चीज़ को सँभाल लेगा। इन शब्दों को तब तक दोहराएँ, जब तक कि वे आपके विचारों में हमेशा के लिए न बस जाएँ और आपके पूरे मानसिक नज़रिये को दोबारा नया न बना दें।

इस आध्यात्मिक नुस्खे पर सात सप्ताह तक निरंतर अमल करें और इसकी आदत डालें। इससे मन और आत्मा को कमज़ोर करने वाले चिंता के पुराने नज़रिये हटने व मिटने लगेंगे। आप इस दिशा में अपनी प्रगति देखकर दंग रह जाएँगे।

हृदय परिवर्तन ने उसे चिंता से मुक्त कर दिया

न्यू यॉर्क सिटी का एक बैंकर बड़ा संदेहवादी और अविश्वासी था। वह एक रविवार को चर्च आया। वह शनिवार के अख़बार में हमारे अगले दिन के प्रवचन का शीर्षक देखकर चर्च आया था : "आप चिंता से छुटकारा पा सकते हैं।"

उसने तथाकथित दुनियादारी वाले अंदाज़ में इसका उपहास किया, लेकिन जैसा उसने कहा, "इस विचार ने उसे जकड़ लिया और छोड़ने का नाम ही नहीं ले रहा था।" तो

इस तरह वह रविवार को चर्च में "तिरस्कार करने वालों की कुर्सी पर" बैठा था।

लेकिन उसे इसकी बुरी तरह ज़रूरत थी। काम करने और सोचने के पुराने तरीक़े की वजह से उसकी ख़ुशी नष्ट हो चुकी थी। इससे कारोबार में उसकी स्थिति भी ख़तरे में पड़ रही थी, क्योंकि उसकी तनावग्रस्त और परेशान अवस्था उसकी कार्यक्षमता को कम कर रही थी।

वह ईश्वर के भवन में उसी तरह आया, जिस तरह कोई मरीज़ डॉक्टर के क्लीनिक में आता है। महान चिकित्सक ने उसकी ओर हाथ बढ़ाया और चर्च में ही उसका इलाज कर दिया। जो हुआ, उस पर वह यक़ीन नहीं कर पाया। बाद में उसने मुझे बताया, "मैं इसे स्पष्ट नहीं कर सकता, लेकिन चर्च में इतना प्रेम और आस्था भरी थी कि मैं इसे नहीं झेल पाया। अचानक ईसा मसीह मेरे बग़ल में खड़े थे। वे मानो कह रहे थे, 'मेरे पास आओ और मैं तुम्हें आराम दूँगा।' मैं बचपन में ईसा मसीह को जानता था, लेकिन काफ़ी समय से उनसे दूर हो गया था। उस रविवार उन्होंने मुझे दोबारा अपनी शरण में ले लिया।"

चर्च में इस जीवन बदलने वाले अनुभव के बाद वह अपने घर लौटा। उसने ऐलान किया, "मैं हैरान था कि मेरा दिमाग़ कितना स्पष्ट और शक्तिशाली है। मुझे शक्ति का एक ठंडा, शांत अहसास हुआ। यह बहुत आनंददायी भावना थी। मैंने महीनों से ऐसा महसूस नहीं किया था।"

फिर वह अपनी नई-पुरानी चिंताओं को एक-एक करके कागज़ के टुकड़ों पर लिखने लगा। उसने निर्मम आलोचनात्मक अंदाज़ में हर एक पर विचार किया। वितृष्णा के भाव के साथ

उसे अहसास हुआ कि जिन चीज़ों की वह चिंता करता था, उनमें से ज़्यादातर कभी हुई ही नहीं थीं। सिर्फ़ कुछ चिंताएँ ही जायज़ थीं, लेकिन अब वह जानता था कि वह उनसे मुक़ाबला कर सकता है।

उसने हाथ बढ़ाकर अनावश्यक चिंताओं वाले सभी काग़ज़ों का पुलिंदा बनाया और कचरे की डलिया में फेंक दिया। "प्रिय मालिक, इंसान को बदलने की आपकी अद्भुत शक्ति के लिए आपको धन्यवाद, मुझ जैसे को भी। क्योंकि मैं बदल गया हूँ। मैं इसे महसूस करता हूँ – मैं इसे जानता हूँ।"

फिर उसने काग़ज़ की उन बची हुई चंद पर्चियों को देखा, जिनमें असली चिंताएँ लिखी थीं। पहले इनसे वह भावनात्मक तनाव में आ जाता, लेकिन अब उसने कहा, "ईश्वर और मैं मिलकर इनसे निबट सकते हैं।"

उसकी यह बात सुनकर मैंने अपनी शर्ट की जेब से एक कार्ड निकाला, जिसे मैं हमेशा अपने साथ रखता हूँ। मैंने इस कार्ड पर लिखे शब्द उसके सामने पढ़े।

"ईश्वर, यह याद रखने में मेरी मदद करो कि आज मेरे साथ ऐसा कुछ नहीं हो सकता, जिसे आप और मैं मिलकर न सँभाल सकें।"

वह बोला, "यह मेरे लिए बिलकुल सही है।" उसने आस्था का यह कथन उत्साह से लिख लिया। फिर उसने कहा, "मैं इसे अपनी जेब में रखूँगा और अपने विचारों में भी।"

आध्यात्मिक हृदय परिवर्तन ने इस आदमी की ज़िंदगी से चिंता को दूर भगा दिया। जब उसे ईश्वर दोबारा मिला, तो उसे जीवन भी दोबारा मिल गया। उसने चिंता करना छोड़ दिया और जीने लगा, सचमुच जीने लगा। अब वह अपना खुद का प्रभारी

है, क्योंकि ईश्वर उसका प्रभारी है। ईश्वर का मुक्तिदायक वरदान किसी भी इंसान की सोच में एक नया परिवेश बना सकता है, जिसमें चिंता कुम्हला जाती है और मर जाती है।

अपनी चिंताएँ घटाने के लिए अपने वरदानों को जोड़ना

कुछ साल पहले एक भजन लोकप्रिय था और इसमें समझदारी की बात कही गई थी, "अपने वरदान गिनो, एक-एक करके।" यह गीत आध्यात्मिक और मनोवैज्ञानिक दोनों ही मायने में बिलकुल सही था। जब आप अपने वरदान जोड़ते और गिनते रहते हैं, तो आपकी चिंताओं को आख़िरकार यह संदेश मिल जाएगा कि खेल ख़त्म हो चुका है और वे ग़ायब होने लगेंगी।

एक उत्तरी प्रांत में रहने वाला एक आदमी फ़ाउंडेशन फ़ॉर क्रिश्चियन लिविंग की सामग्री पढ़ता था। एक दिन उसने फ़ोन करके कहा कि उसे मदद की सख़्त ज़रूरत है। उसने कहा, "हर चीज़ बुरी हो रही है और मैं चिंता के मारे बीमार हुआ जा रहा हूँ।"

मैंने प्रतिक्रिया की, "क्या ऐसा इसलिए है क्योंकि जब आप कहते हैं, 'चिंता के मारे बीमार,' तो आप अपनी परिस्थितियों पर बीमार व अतार्किक विचार लागू कर रहे हैं और इसीलिए आपको बुरे परिणाम मिल रहे हैं।"

"हर चीज़ धुल चुकी है, ख़त्म हो चुकी है," वह आह भरते हुए बोला। "सब कुछ जा चुका है। कुछ नहीं बचा है, सिवाय चिंताओं से भरे इंसान के। कुछ भी नहीं बचा है।"

मैंने सहानुभूति दिखाते हुए कहा, "मुझे यह सुनकर अफ़सोस हुआ कि आपकी पत्नी आपको छोड़कर चली गई है।"

“किसने कहा कि वह मुझे छोड़कर चली गई है? मेरी पत्नी मुझसे प्रेम करती है और निष्ठापूर्वक मेरे साथ खड़ी है।”

“बहुत अच्छी बात है,” मैंने कहा। “अब मैं आपको बताता हूँ कि हमें क्या करना चाहिए। हम यह हिसाब लगाते हैं कि आपने क्या खोया है और आपके पास क्या बचा है। चलिए पहले इस बारे में बात करते हैं कि आपके पास क्या-क्या बचा है,” मैंने सुझाव दिया। “फिर हम इस बारे में बात करेंगे कि आपने क्या खोया है।”

उसने निराशा भरे स्वर में कहा, “पहले वाले मामले में एक भी चीज़ नहीं होगी।”

“देखिए, शुरुआत में ही आपके पास एक बहुत महत्त्वपूर्ण संपत्ति है। आपकी पत्नी आपके साथ निष्ठापूर्वक खड़ी है और आपसे प्रेम करती है।” फिर मैंने जोड़ दिया, “कितनी बुरी बात है कि आपके बच्चों को नशे की लत है और वे जेल में हैं।”

“मेरे बच्चों को नशे की लत नहीं है! वे अच्छे बच्चे हैं – वे कभी जेल नहीं जा सकते।”

“बेहतरीन! तो हम आपकी संपत्तियों की सूची में यह लिख लेते हैं कि बच्चे जेल में नहीं हैं।” फिर मैंने आगे कहा, “बहुत अफ़सोस की बात है कि आपका मकान जल गया, और आप उसका बीमा भी नहीं करा पाए, क्योंकि आपके पास प्रीमियम चुकाने का पैसा नहीं था।”

“आपको यह ग़लत जानकारी कहाँ से मिली? मेरा मकान नहीं जला है और मेरे पास पर्याप्त पैसे हैं, जिनसे ख़र्च चल सकता है।” अब वह वरदान जोड़ने के इरादे को समझ गया था। “मैं मूर्ख हूँ, बड़ा मूर्ख हूँ,” उसने कातर अंदाज़ में स्वीकार

किया। "मैंने कभी उन संपत्तियों के बारे में नहीं सोचा था, जिनका आप ज़िक्र कर रहे हैं।"

हमारे बीच सुखद बातचीत हुई और अंत में हमने फ़ोन पर इकट्ठे प्रार्थना की।

टेलीफ़ोन पर हुई इस बातचीत के बाद उसके जीवन में भावनात्मक दृष्टि से कुछ बुरे समय आए, लेकिन उसने अपनी सोच को नकारात्मक से सकारात्मक तक का इतना ज़ोरदार झटका दिया था कि अंततः उसने चिंता को जीत लिया।

उसने चिंता करना छोड़ दिया और 45 साल की उम्र में सचमुच जीने लगा। चाहे यह किसी भी उम्र में हो, यह अनुभव ज़बरदस्त होता है और आपके लिए बिलकुल सही होता है।

हेनरी फ़ोर्ड : "हमेशा सर्वश्रेष्ठ पर ध्यान केंद्रित करें"

मेरे एक लेखक मित्र ने एक बार हेनरी फ़ोर्ड से साक्षात्कार लिया था, जो अमेरिका के महान औद्योगिक जीनियस थे। बाक़ी प्रश्नों के अलावा उसने पूछा कि क्या उन्हें कभी चिंता की समस्या रही थी। फ़ोर्ड ने जवाब दिया कि चिंता की समस्या निश्चित रूप से रही थी, जब तक कि वे "इतने ज़्यादा व्यस्त नहीं हो गए कि चिंता करने की फ़ुरसत ही नहीं रही।" फिर उन्होंने लेखक को चिंता हटाने का एक अचूक फ़ॉर्मूला बताया। जैसा कि मुझे बताया गया, यह इस तरह था - सर्वश्रेष्ठ में विश्वास करें, अपना सर्वश्रेष्ठ सोचें, अपने

सर्वश्रेष्ठ का अध्ययन करें, अपने सर्वश्रेष्ठ के लिए लक्ष्य बनाएँ, अपने सर्वश्रेष्ठ से कम के साथ कभी संतुष्ट न हों, अपने सर्वश्रेष्ठ की कोशिश करें और लंबे समय में परिस्थितियाँ भी सर्वश्रेष्ठ होंगी। निष्कर्ष में उनकी सलाह थी, "हमेशा सर्वश्रेष्ठ पर ध्यान केंद्रित करें।"

चिंता की आदत छोड़ने के पाँच तरीक़े

1. *अपनी कही बातें सावधानी से सुनें।* अपनी हर टिप्पणी पूरे ध्यान से दर्ज करें और इसका अध्ययन करें, ताकि आप पूरी तरह चेतन हो जाएँ कि आप कितनी ज़्यादा खिन्न और नकारात्मक टिप्पणियाँ करते हैं।

2. *पूरी तरह ईमानदार बनें।* जब आप कोई नकारात्मक टिप्पणी करें, तो ख़ुद से कहें, "देखो, मैं जो कह रहा हूँ, क्या मैं सचमुच उस पर विश्वास करता हूँ, या फिर मैं ऐसी नकारात्मक बातें कह रहा हूँ, जिन पर मुझे दरअसल ज़रा भी विश्वास नहीं है?"

3. *आप आम तौर पर जो नकारात्मक बात कहते हैं, उनका ठीक विपरीत कहने की आदत डालें।* फिर आप देख सकते हैं कि नए सकारात्मक कथन कितने बेहतर लगते हैं। जब आप इस नई कार्यप्रणाली को जारी रखेंगे, तो पुरानी पराजयवादी बातों के बजाय अपने मुँह से जीवन, आशा तथा अपेक्षा से भरे शब्दों तथा विचारों को सुनना और भी ज़्यादा रोमांचक हो जाएगा।

4. *इस नई कार्यप्रणाली पर काम करते समय होने वाली हर चीज़ की निगरानी रखें।* छोटे से छोटे परिणामों को भी सावधानी से दर्ज करें और लिखें। मिसाल के तौर पर, अगर आप उदास अंदाज़ में यह कहने के आदी रहे हैं, "आज मेरे साथ चीज़ें अच्छी नहीं होने वाली हैं," तो ग़ौर करें कि चीज़ें कितनी अच्छी तरह हो रही हैं या नहीं हो रही हैं।

5. *हर दिन हर व्यक्ति और कार्य का सर्वश्रेष्ठ आशय निकालें। यह व्यक्तिगत विकास की बेहद रोमांचक आदत है।* मुझे यह बात पहली बार स्वर्गीय हैरी बुल्लिस ने बताई थी, जो मिनीपॉलिस के आटा मिल उद्योग में मशहूर थे। हैरी सचमुच उत्साही इंसान थे। वे इतने ज़्यादा उत्साही रहते थे कि एक दिन मैंने उनसे उनके सुखद स्वभाव का कारण पूछ लिया। उन्होंने कहा, "मैंने बहुत पहले यह निर्णय लिया था कि मैं हर स्थिति और हर व्यक्ति के शब्दों तथा कार्यों का सबसे अच्छा मतलब निकालूँगा। ज़ाहिर है, मैं वास्तविकता के प्रति अंधा नहीं था, लेकिन मैंने हमेशा सबसे पहले सबसे अच्छा मतलब निकालने पर ज़ोर दिया। मुझे यक़ीन है कि यह आदत दरअसल अच्छे परिणाम देती है। सबसे अच्छा मतलब निकालने की आदत की बदौलत मुझमें लोगों, कारोबार, चर्च और बाक़ी रुचियों के प्रति उत्साह जाग्रत हुआ। इसकी बदौलत मुझे चिंतामुक्त जीवन जीने में बहुत मदद मिली।"

अध्याय 5

आत्मविश्वासी

मैं बदलकर बेहतर बन सकता हूँ

हममें से ज़्यादातर लोग यह बात मान लेंगे कि हमारे जीवन में कुछ चीज़ों को बदलने की ज़रूरत है। व्यक्तित्व के प्रतिकूल तत्व अक्सर असफलता और अप्रसन्नता में योगदान देते हैं। हो सकता है हममें ऐसे गुण हों, जो लोगों को दूर रखते हैं और अच्छे व्यक्तिगत संबंधों में बाधक हों। हो सकता है कुछ कमज़ोरियाँ और अक्षमताएँ हमें परेशान करती हों। यदि आपको भी ऐसा लगता है, तो आप इस अच्छी ख़बर का स्वागत करेंगे कि आपका जीवन बदलने की शक्ति मौजूद है और आप इसे पा सकते हैं। यह अद्भुत शक्ति आपमें ईश्वर का जीवन है। इस विराट शक्ति पर जब ध्यान केंद्रित कर लिया जाता है, तो व्यक्तित्व में शानदार परिवर्तन हो जाते हैं।

शक्ति का स्रोत

एक आदमी मेरे देहाती फ़ार्म होम में आया। उसके साथ उसकी पत्नी भी थी। वे प्रतिभासंपन्न लोग थे और चर्च नहीं जाते

थे। पति प्रकाशक था, पत्नी लेखिका थी – दोनों ही असाधारण रूप से सक्षम थे। प्रकाशक ने कहा, "हेलन और मैं दुखी तथा कुंठित रहते हैं। शारीरिक दृष्टि से हममें से कोई भी वाक़ई अच्छा नहीं है। जीवन नीरस हो गया है। दरअसल हम एक अंधी गली में पहुँच गए हैं। हमें मदद की ज़रूरत है।" उसने आगे बताया कि दोनों की ही सृजनात्मकता कम हो रही थी। फिर उसने कहा, "हम जैसे हैं, वैसे नहीं रहना चाहते। हम अपना कायाकल्प करना चाहते हैं, जिसके बारे में आप हमेशा बात करते रहते हैं। हम यह कैसे कर सकते हैं?"

वे अधुनातन लोगों की श्रेणी में आते हैं, इस बात को ध्यान में रखते हुए मैं सोचने लगा कि क्या वे उस शक्ति से संपर्क करने की बुनियादी सरलता को स्वीकार कर पाएँगे, जिसका वे पता पूछ रहे थे। इसलिए मैंने कहा, "आप अपनी वर्तमान स्थिति से असंतुष्ट हैं, क्या यह सही है? आप कितने असंतुष्ट हैं?"

"पूरी तरह," उन्होंने जवाब दिया।

"क्या मैं यह समझूँ कि आप बदलना चाहते हैं और इसी समय बदलना चाहते हैं?" उनका जवाब हाँ में था।

फिर मैंने पूछा, "क्या आप इसी समय अपना जीवन हर उस चीज़ से अलग करने के इच्छुक हैं, जो ईश्वर के तात्पर्य के विपरीत है? और मेरा मतलब है हर चीज़!"

इसके लिए क्या ज़रूरत होगी, इस बारे में कुछ बातचीत करने के बाद यह स्पष्ट हो गया कि वे अपना जीवन बदलने की शक्ति इतनी शिद्दत से चाहते थे कि पूरे रास्ते जाने को तैयार थे।

फिर हम आध्यात्मिक भाव-विरेचन की प्रक्रिया में शामिल हुए, जिसमें द्वेषों, शत्रुताओं और अन्य मानसिक फोड़ों वाले ग़लत नज़रियों को ईमानदारी से ख़ाली करना शामिल था। यह स्पष्ट था कि उनका इरादा पक्का था। वे धोखा नहीं दे रहे थे।

मैंने कहा, "देखिए, कोई इंसान आपको जीवन बदलने की शक्ति नहीं दे सकता। सिर्फ़ ईश्वर ही ऐसा कर सकते हैं। इसलिए क्या अब आप ख़ुद को ईश्वर के प्रति समर्पित करना चाहते हैं? क्या आप उन्हें अपने तारणहार और नया जीवन देने वाले के रूप में स्वीकार करते हैं?"

उन दोनों ने समर्पण की विनम्र और सच्ची प्रार्थना की। जब भी आवश्यकता की जागरूकता और पूरी ईमानदारी का मिलाप होता है, तो शक्ति हमेशा मिल जाती है। वे इसे चाहते थे, उन्होंने इसे माँगा, उन्हें यह मिल गई। आगामी महीनों में उनमें उल्लेखनीय परिवर्तन हुआ। उन्हें जीवन का नया अर्थ, ज़्यादा गहरी ख़ुशी और ज़्यादा संतुष्टि मिली।

जब वे अगले वसंत में लौटे, तो ज़िंदादिल और आदर्श स्वास्थ्य में दिख रहे थे। वे हर चीज़ को लेकर रोमांचित थे। हेलन तो आह्लादित थी। "मैंने कभी इतना सुंदर वसंत नहीं देखा। आसमान ज़्यादा नीला है, धूप ज़्यादा सुनहरी है, पक्षियों के गीत ज़्यादा मधुर हैं।"

वे प्रेरणादायक लेखन में अपनी योग्यताओं का इस्तेमाल करने लगे। उन्होंने जो अद्भुत नई शक्ति खोजी थी, उसे वे दूसरों तक पहुँचाने लगे, ताकि वे भी इसे हासिल कर सकें।

आपका पारिवारिक जीवन सुखद हो सकता है

पारिवारिक इकाई – पति-पत्नी, बेटा-बेटी, सास-ससुर, दादा-दादी – में खुशी या नाखुशी, प्रेम या फिर ग़लतफ़हमी व संघर्ष की भारी संभावना या आशंका रहती है।

जब कोई परिवार प्रेम और आपसी सम्मान के माहौल में रहता है, तो इसके फलस्वरूप संभवतः पृथ्वी पर जीवन की सबसे सुखद अवस्था उत्पन्न होती है। लेकिन जब ग़लतफ़हमी और संघर्ष की वजह से पारिवारिक माहौल गड़बड़ हो जाता है, तो एक अस्वस्थ अवस्था उत्पन्न होती है, जिसका सभी के जीवन पर विपरीत प्रभाव पड़ता है, ख़ास तौर पर बच्चों के जीवन पर।

जीवन के कायाकल्प के 10 क़दम

1. अहसास करें कि आपके जीवन को बदलने की शक्ति ईश्वर में आस्था के ज़रिये आती है।

2. खुद को और अपनी सारी समस्याओं को ईश्वर के हवाले कर दें।

3. तनावरहित आस्था के सिद्धांत का अभ्यास करें – "सब कुछ छोड़ो और ईश्वर को पकड़ो।"

4. ईश्वर से एक नया जीवन जीने की शक्ति माँगें। यक़ीन करें कि वह इसे प्रदान करेगा।

5. न्यू टेस्टामेंट पढ़ें और ईसा मसीह के वास्तविक शब्दों की सूची बनाकर उन्हें याद कर लें।

6. खुद से पूछें कि ईश्वर क्या करते। फिर वही करने की कोशिश करें।

7. दैनिक प्रार्थना की आदत डालें। प्रार्थना के लिए निश्चित समय अलग रख लें और इन्हें शीर्ष प्राथमिकता दें।

8. न्यू टेस्टामेंट को शुरू से आख़िर तक पढ़ें; उन अंशों का अध्ययन करने के लिए ठहरें, जो आपको ख़ास तौर पर आकर्षित करते हों।

9. अपनी चेतना को ईश्वर-केंद्रित विचारों से सराबोर कर लें।

10. लोगों के प्रति प्रेम और सद्भाव का अभ्यास करें।

किसी भी उम्र के तार्किक, बुद्धिमान, संजीदा इंसान अगर चाहें, तो शांति में और दरअसल सुखद संबंध में भी एक साथ रह सकते हैं। यदि आपके परिवार का माहौल ऐसा नहीं है, तो याद रखें कि आपमें अपना और अपने परिवार का जीवन बदलने की शक्ति है।

सुखद पारिवारिक संबंध बनाने के लिए कौन से क़दम उठाए जा सकते हैं?

1. *इसे खुद से शुरू करें।* यह निर्णय लें कि आप अपने भीतर वह खुशी की भावना जाग्रित करेंगे, जो पारिवारिक माहौल को नया बना सके।

2. *खुद से यह सवाल पूछें।* "मैं खुद परिवार की खुशी में योगदान दे रहा हूँ या मैं परिवार के दुख में योगदान दे रहा हूँ? सुनिश्चित करें कि आप इस सवाल का जवाब पूरी ईमानदारी से दें।

3. *अपने भीतर पल रहे किसी भी तरह के अविश्वास या शत्रुता को बाहर कर दें।* परिवार में हर एक के साथ न सिर्फ़ प्रेम के साथ, बल्कि उनकी राय के प्रति सम्मानजनक व्यवहार करने की आदत डालें। उन्हें सच्चा आदर दें।

4. *खुद को प्रेम "जीव" मानें और प्रेम से कार्य करें।* अपने परिवार को यह न बताएँ कि आपने इस नए तरीक़े से काम करने का निर्णय लिया है। बस इसे कर दें। वे इसे ग्रहण कर लेंगे। आपके द्वारा डाले गए नए भाव का असर होगा।

मैं आपको अट्ठारह-उन्नीस साल के एक युवक के बारे में बताना चाहता हूँ, जो निश्चित रूप से "वर्तमान" पीढ़ी का था - अपनी पीढ़ी को छोड़कर बाक़ी सबके प्रति विद्रोही और तिरस्कारपूर्ण। उसके माता-पिता नाराज़ थे, पीढ़ियों के बीच की खाई ज़्यादा चौड़ी हुई, परिवार बिखरने लगा और पूरे घर का माहौल दुखद था।

फिर इस लड़के को ईश्वर के साथ एक गहरा आध्यात्मिक अनुभव हुआ। फलस्वरूप उसने निर्णय लिया कि संसार की समस्याओं का हिस्सा बनने के बजाय वह इसके समाधान का हिस्सा बनेगा। वह अपने विचारों पर तो अटल था, लेकिन अब वह दूसरों

की राय का सम्मान करने लगा और उसने परिवार में प्रेम का अभ्यास शुरू किया। वह अंदर से प्रसन्न और प्रेममय व्यक्ति बन गया। परिणाम? परिवार ज़्यादा गहरे स्तर पर एक दूसरे से जुड़ा। उसने दूसरों में परिवर्तन को प्रेरित किया। परिवार एक इकाई बन गया, जहाँ हर व्यक्ति एक दूसरे से प्रेम करता था और एक-दूसरे का सम्मान करता था।

5. *छोटे हों या बड़े, परिवार के हर सदस्य को व्यक्तियों के रूप में एक-दूसरे का सम्मान करने के लिए प्रोत्साहित करें।* हर व्यक्ति को एक-दूसरे को स्वीकार करना चाहिए और हर एक को उसके असली स्वरूप में रहने की अनुमति देनी चाहिए। व्यक्तित्व की पहचान का हमेशा सम्मान होना चाहिए। इससे परिवार के भीतर प्रेमपूर्ण सद्भाव का माहौल बन जाएगा और – जो उतना ही महत्त्वपूर्ण है – सच्ची समझ का माहौल भी बन जाएगा।

6. *यथार्थवादी बनें।* यह उम्मीद न करें कि हर व्यक्ति तुरंत ही बदल जाएगा या यह परिवर्तन आसानी से हो जाएगा। लंबे समय से पाले गए द्वेषों का प्रतिरोध हो सकता है और पूर्वाग्रह भी हो सकते हैं, जो धीरे-धीरे ही कम हो सकते हैं। अहम बात यह है कि किसी को परिवर्तन की शुरुआत करनी होगी और वहाँ से यह रफ़्तार पकड़ लेगा।

7. *गहरी आस्था विकसित करें और परिवार के भीतर तथा सभी पारिवारिक जुड़ावों में मार्गदर्शन के लिए ईश्वर पर विश्वास करें।* जब बाइबल कहती है,

"ईश्वर मकान बनाता है; उसके सिवा जो मकान बनाते हैं, वे व्यर्थ में श्रम करते हैं," तो यह इस कालजयी सत्य की याद दिलाती है कि धार्मिक आस्था वाले परिवार ऐसी समस्याओं से उबर जाते हैं और ऐसी स्थितियों का सामना कर लेते हैं, जहाँ नास्तिक परिवार अक्सर असफल हो जाते हैं।

8. *परिवार के हर सदस्य के लिए प्रार्थना की एक निश्चित, गंभीर योजना शुरू करें।* जो व्यक्ति इस तरह की नियमित प्रार्थना करता है, भले ही वह दूसरों से इसका ज़िक्र न करे, वह समय के साथ दूसरों में भी एक नया, अध्यात्म-केंद्रित नज़रिया अचेतन रूप से प्रेरित करेगा। जब प्रार्थना पूरे परिवार की सामूहिक गतिविधि बन जाती है, तो सदस्य ज़्यादा गहरे साहचर्य में एक साथ विकास करेंगे। यह काफ़ी सच है कि जो परिवार एक साथ प्रार्थना करता है, वह एक साथ बना रहता है।

बीस साल की एक लड़की खुद को खोजने की कोशिश में काफ़ी परेशान थी। उसका नज़रिया बहुत चिड़चिड़ा और शत्रुतापूर्ण था, ख़ास तौर पर अपने पिता के प्रति। लेकिन एक रात उसने उन्हें घेर लिया। वह बोली, "डैडी, आप सचमुच अच्छे हो। वास्तव में, आप बहुत अच्छे हो। मुझे बताओ कि आप क्या कर रहे हो। सच-सच बताना।"

तब उसके पिता ने उसे बताया कि वे प्रार्थना की एक योजना पर चल रहे थे, ताकि वे अपने जीवन और नज़रियों को बदल सकें, ताकि वे बेहतर पिता, बेहतर

पति, परिवार के बेहतर सदस्य बन सकें। वे झिझके और फिर नरमी से बोले, "मैं हर एक के लिए प्रार्थना करता हूँ, ख़ास तौर पर तुम्हारे लिए; क्योंकि मुझे लगता है कि हमारे तमाम टकरावों के बावजूद मेरे दिल में तुम्हारे लिए एक ख़ास भावना है।"

बेटी ने कहा, "मैं जानती थी कि आप कुछ कर रहे हैं।" फिर उसने कई सप्ताह बाद पहली बार अपने पिता को प्यार से थपथपाया। कुछ ही दिनों में ये पिता-पुत्री क़रीब आए और समय के साथ उनकी अंतरंगता से अंततः पूरे परिवार का माहौल बदल गया। उन्होंने यह साबित कर दिया कि एक इंसान में पारिवारिक जीवन बदलने की शक्ति होती है।

आप अपनी नौकरी का आनंद ले सकते हैं

यदि कोई इंसान अपना जीवन बदलना चाहता है, तो शायद उसे अपनी नौकरी बदलनी होगी। नौकरी बदलने के दो तरीक़े होते हैं। स्पष्ट तरीक़ा तो यह है कि आप इस समय जो नौकरी कर रहे हैं, उसे छोड़कर दूसरी नौकरी कर लें। लेकिन यदि आप यह करते हैं, तो आम तौर पर आप यह मानकर चल रहे हैं कि आप अपनी वर्तमान नौकरी में जिन चीज़ों को नापसंद करते हैं, वे सभी नई नौकरी में नहीं होंगी और नई नौकरी में हर चीज़ सिर्फ़ अच्छी होगी। ज़ाहिर है, यह हमेशा सच नहीं होता है।

मानव स्वभाव का एक नियम है, जिसे ध्यान में रखना होता है : आप जहाँ भी जाते हैं, खुद को साथ ले जाते हैं। आप कभी खुद से दूर नहीं जा सकते। इसलिए जब आप

किसी दुख भरी पुरानी नौकरी से नई नौकरी में जाते हैं, तो आप खुद को भी साथ ले जाते हैं। इसका मतलब यह है कि पुरानी नौकरी में आपमें जो कमज़ोरियाँ और ग़लत नज़रिये थे, वे उत्साह के पहले आवेग के बाद नई नौकरी में भी रहेंगे। इसलिए नौकरी बदलने का दूसरा तरीक़ा खुद को बदलना है। यह वर्तमान नौकरी के ढाँचे के भीतर किया जा सकता है।

एक आदमी ने मुझसे अपनी नौकरी के बारे में सलाह ली। उसने कहा कि इसमें कोई अवसर नहीं था। यह एक बंद गली थी। वह इसे छोड़कर किसी दूसरे क्षेत्र में जाना चाहता था। मैंने उसे नौकरी बदलने का ऊपर वाला विचार बताया। फिर मैंने एक सफल प्रगतिशील व्यक्ति के नाम का ज़िक्र किया। "आप क्या सोचते हैं, अगर आपकी वर्तमान नौकरी मि. स्मिथ के पास होती, तो वे क्या करते?"

उसने एक मिनट तक सोचकर कहा, "देखिए, मुझे यक़ीन है कि वे इसे सफल बना देते; वे हमेशा हर चीज़ को सफल बना देते हैं।"

"हाँ, लेकिन वे इस नौकरी में सफल कैसे होंगे?" मैं जुटा रहा। "वे क्या करेंगे?"

इस पर उसने जवाब दिया, "मैं नहीं जानता कि वे क्या करेंगे?"

"देखिए, क्यों न कुछ दिन यह सोचने की कोशिश करें कि बेहद सफल मि. स्मिथ इस नौकरी में क्या करेंगे। फिर आप भी वही कर दें।"

बाद में वह काफ़ी बेहतर नज़रिये के साथ लौटा। उसने कहा, "मि. स्मिथ जो करेंगे, वह करने का एकमात्र तरीक़ा यह है कि मैं मि. स्मिथ जैसा बहिर्मुखी व्यक्ति बन जाऊँ। वे

सकारात्मक विचारक हैं। लगता है, मुझे सकारात्मक सोच का अभ्यास भी शुरू कर देना चाहिए।" प्रोत्साहन पाने पर उसने अपने नए मानसिक नज़रिये का अनुसरण किया और ख़ुद पर काफ़ी सृजनात्मक मेहनत की। नौकरी में उसका प्रदर्शन बेहतर हो गया। अपनी वर्तमान नौकरी में ही ख़ुद को बदलने से उसे नई नौकरी मिल गई।

आप अपने व्यक्तित्व की बैसाखियाँ दूर फेंक सकते हैं

कुछ लोग असुरक्षित होते हैं और लड़खड़ाते व्यक्तित्व को ऊपर उठाने के लिए बैसाखियों का सहारा ले लेते हैं। अक्षमता की गहरी आंतरिक भावना से सामना होने पर और समस्याओं से जूझने में ख़ुद को अक्षम मानकर वे बैसाखियों की तरफ़ जाते हैं : मिसाल के तौर पर, नशीली दवाएँ या शराब या बाध्यकारी पेटूपन। या वे किसी दूसरी तरह हीनता की दुखद भावना की भरपाई करने की कोशिश करते हैं। ऐसे लोग दरअसल जो चाहते हैं, वह है उनके जीवन को बदलने की शक्ति।

ईसा मसीह में बैसाखियों को हटाने की कमाल की क़ाबिलियत थी। पूल ऑफ़ बेथेस्डा के पास वाले आदमी का प्रसंग याद है? एक किंवदंती थी कि जब भी कोई देवदूत पानी को हिलाएगा, तो सबसे पहले अंदर जाने वाले व्यक्ति का इलाज हो जाएगा। यह आदमी बरसों से पूल के पास लेटा हुआ था, जब तक कि उसने लूले-लँगड़ों और अंधों के बीच दर्जा हासिल नहीं कर लिया।

यह स्थिति उसके मिश्रित व्यक्तित्व के लिए बैसाखी बन गई। उसने बहाना बनाया कि वह कभी पानी में पहले नहीं जा

सकता। सच तो यह था कि वह ठीक होना ही नहीं चाहता था, क्योंकि फिर उसे ज़िंदगी का सामना करना पड़ता।

लेकिन ईसा मसीह मानव मन की आंतरिक कार्यविधि जानते हैं, इसलिए वे सीधे उसकी चेतना तक पहुँचे। उन्होंने पूछा, "क्या तुम सचमुच ठीक होना चाहते हो?" वह आदमी उनकी सीधी निगाह के सामने कसमसाया, लेकिन फिर उसे पहली बार उम्मीद महसूस हुई। उसने दृढ़ता से जवाब दिया, "हाँ, मैं ठीक होना चाहता हूँ।" ईसा मसीह ने उसे आदेश दिया कि वह अपने पैरों पर खड़ा हो जाए, बैसाखी दूर फेंक दे और सचमुच जीना शुरू करे।

आज एक बैसाखी का बहुत व्यापक उपयोग होता है और यह है शराब। मैं रिसेप्शन में एक आदमी से मिला, जिसने कई कॉकटेल चढ़ा ली थीं और उनके प्रभाव निश्चित रूप से नज़र आ रहे थे। उसने पूछा, "यह मैं क्यों करता हूँ? दरअसल मैं इसे पसंद नहीं करता हूँ। लेकिन क्या करूँ, मेरे अंदर काफ़ी संकोच है और बातचीत में मैं चुप रहता हूँ। कुछ कॉकटेल पीने के बाद मेरी ज़बान चलने लगती है और मैं अंतर्मुखी से बहिर्मुखी बन जाता हूँ। शराब के सहारे के बिना मैं सामाजिक दृष्टि से क़तई अच्छा नहीं हूँ।"

मेरा अनुमान है कि बहुत से लोग इसी कारण से शराब पीते हैं। दरअसल, वे एक बैसाखी का सहारा ले रहे हैं। अच्छी बातचीत और संप्रेषण के लिए आपको तो बस चीज़ों में उत्साही बनने की ज़रूरत है। आपको शराब की बैसाखी पर लँगड़ाकर चलने की क़तई ज़रूरत नहीं है।

दुखद बात यह है कि इस तरह की निर्भरता शराबख़ोरी में बदल सकती है और अक्सर बदलती भी है, जो पराजय

के सबसे घातक प्रकारों में से एक है। शराबी व्यक्ति दरअसल पंगु बन जाता है।

बहरहाल, ऐसे इंसान का इलाज संभव है। इस प्रक्रिया में एक महत्त्वपूर्ण संस्था है एल्कोहलिक्स एनॉनिमस, जिसका बहुत ही उम्दा रिकॉर्ड है कि यह लोगों को उनका जीवन बदलने की शक्ति दे देती है। हमने ईश्वर की शक्ति के ज़रिये कई आश्चर्यजनक पुनरुद्धार होते देखे हैं। यह शक्ति हमेशा उपलब्ध है, लेकिन इसे पाने के लिए शराबी को उस बिंदु तक पहुँचना होता है, जहाँ वह ईश्वर पर पूरी तरह से निर्भर रहे और खुद पर उसकी कोई भी आरक्षित निर्भरता न रहे।

इसलिए ईश्वर के नाम पर अपनी बैसाखी दूर फेंक दें और जीवन का भरपूर आनंद लें।

अध्याय 6

आशावादी

मेरा एक भविष्य है!

भविष्य की सर्वश्रेष्ठ मार्गदर्शिका

आपके पास एक भविष्य है! आप अपनी संभावनाओं के बारे में चाहे जो महसूस करते हों... बुरी ख़बर फैलाने वाले आपको चाहे जो बताते हों, इस सबके बावजूद आपके पास सचमुच एक भविष्य होता है।

चाहे परिस्थितियाँ कितनी ही मुश्किल हों... चाहे डगर कितनी ही कठिन हो... चाहे आप कितने ही हताश हों, आपके पास एक भविष्य होता है।

आप चाहे जितने बूढ़े, थके हुए या बीमार महसूस करते हों, इसके बावजूद आपके पास एक भविष्य होता है। आपके हिसाब से जीवन और परिस्थितियों ने आपके साथ चाहे जितना अन्यायपूर्ण व्यवहार किया हो, याद रखें, हमेशा याद रखें, *आपके पास एक भविष्य होता है!*

भविष्य आज एक बड़ा कारोबार बन चुका है। ऐसा लगता है कि कई लोग अब ज्योतिष और जन्मपत्रियों पर जी जान से भरोसा कर रहे हैं। कहा जाता है कि ज्योतिष का उद्गम चाल्डिया में और फ़ारस की खाड़ी के आस-पास हुआ। चाल्डिया और बैबिलॉन के राजाओं के यहाँ ज्योतिषियों को नौकरी दी जाती थी, जो भविष्य के बारे में उन्हें सलाह देते थे। मिस्र के फ़राओ भी ज्योतिष का इस्तेमाल करते थे। ऐसा लगता है कि आज ज्योतिषियों का बाज़ार एक बार फिर गर्म हो चुका है। अमेरिका में 1,750 दैनिक समाचारपत्रों में से 1,220 ज्योतिष का कॉलम और जन्मपत्री छापते हैं। लोग भविष्य के बारे में चिंतित हैं, इसलिए जन्मपत्रियों में रुचि लेते हैं।

एक बड़े बुकस्टोर में मैंने देखा कि ज्योतिष और तंत्र-मंत्र विज्ञान की पुस्तकें तीन टेबलों पर रखी थीं। धार्मिक पुस्तकों के लिए सिर्फ़ एक ही टेबल रखी गई थी। ज़ाहिर है, जब भविष्य अनिश्चित नज़र आता है, तो कई लोग तसल्ली और मार्गदर्शन पाने के लिए अजीबोगरीब, जादुई स्रोतों की ओर भी मुड़ सकते हैं।

बहरहाल, यह अध्याय आपको यह याद दिलाने के लिए लिखा गया है कि ईश्वर के पास आपके भविष्य, आपके देश के भविष्य, पूरे विश्व के भविष्य का जवाब है। समझदारी भरा काम यह है कि हम ख़ुद को उनके हाथों में रख दें, क्योंकि वे भविष्य के बारे में, आपके भविष्य के बारे में सब कुछ जानते हैं। यह बेहतरीन भविष्य पाने का रहस्य है। तो फिर इंसान अपने भविष्य का अहसास कैसे करे? सबसे पहले तो एक वैचारिक साँचा विकसित करके, जो भविष्य की आशावादी अवधारणा के चारों तरफ़ बना हो। भविष्य के बारे में *सोचें*; भविष्य के बारे में *बोलें*, भविष्य पर *विश्वास करें*, भविष्य के

कार्य करें। इस आधार पर जिएँ कि पुराना अतीत में है, नया यहाँ है और आने वाला है।

जब भविष्य निम्नतम बिंदु से ऊपर उठता है

यह सचमुच बहुत दुखद है कि मुश्किल या बीमारी या हताशा वाले लोग अपने भविष्य को कम आँकते हैं। मिसाल के तौर पर, जब कुछ समय पहले मेरी पत्नी और मैं इटली में थे, तो हम ऐसे ही एक व्यक्ति से मिले। पूरा क़िस्सा यह है। एक दिन मिसेज़ पील ने ऐलान किया कि वे एक पूची ड्रेस ख़रीदना चाहती हैं। मैंने पूछा, "पूची ड्रेस क्या होती है? मैंने इसके बारे में कभी नहीं सुना।"

उन्होंने मुझे जानकारी दी, "पूची ड्रेस फ़्लोरेंस के पूची नाम के डिज़ाइनर द्वारा बनाई जाती है। वे बहुत अनूठी होती हैं और वह हर ड्रेस पर साइन करता है।"

मैंने मज़ाक़ में कहा, "जिस भी चीज़ पर साइन होते हैं, उसमें बहुत पैसे ख़र्च होते हैं।"

"लेकिन यहाँ यह ड्रेस न्यू यॉर्क से काफ़ी कम दाम में मिल रही है" उन्होंने मुझे बताया।

मैंने हार मानते हुए कहा, "ठीक है, मुझे खुशी है कि हम इस पर थोड़ा पैसा बचा लेंगे!"

जब मैं रिसेप्शन रूम में बैठा था, तो एक आदमी अंदर आया और ऐसा लग रहा था कि उसे जबरन खींचकर लाया गया था। वह एक लंबा-तगड़ा आदमी था, जिसकी पत्नी छोटी सी थी, लेकिन साफ़ समझ में आ रहा था कि किसकी चलती है। उसने मेरी तरफ़ सिर हिलाकर पूछा, "क्या आप अमेरिकी हैं?"

"हाँ," मैंने जवाब दिया, "क्या आप भी अमेरिकी हैं?"

"हाँ," और फिर रहस्यमय ढंग से पूछा, "क्या आपकी पत्नी आपको यहाँ घसीट लाई है?"

मैंने स्वीकार किया, "मुझे लगता है कि उसने ऐसा ही किया है।" उसने मुझसे पूछा कि मैं क्या कर रहा हूँ। "ओह, यात्रा कर रहा हूँ, एक-दो व्याख्यान दे रहा हूँ, छोटी छुट्टियाँ मना रहा हूँ। आप क्या कर रहे हैं?" मैंने पूछा।

उसने कहा, "मैं पगला गया हूँ। मैं तीन सप्ताह से वहाँ स्नान कर रहा हूँ।"

मैंने टिप्पणी की, "मुझे यक़ीन है कि इससे आपको फ़ायदा हुआ होगा।"

"मुझे नहीं पता। मुझे बताया गया था कि छह महीने तक कोई फ़र्क़ नहीं दिखेगा, लेकिन," उसने आह भरी, "मैं आपको सच बताऊँ, तो मुझे उनमें ज़्यादा विश्वास नहीं है। आप जानते हैं, मैं बूढ़ा हो रहा हूँ और इस बारे में कोई ज़्यादा कुछ नहीं कर सकता। आइए सच का सामना करें, मेरे पास कोई भविष्य नहीं है।"

मैंने कहा, "देखो दोस्त, आपको इस तरह की बात नहीं कहनी चाहिए। आपको तो ख़ुद से कहना चाहिए, 'मैं जानता हूँ कि ये स्नान मेरा बहुत ज़्यादा फ़ायदा करने जा रहे हैं।' आपको कहना चाहिए कि मैं बूढ़ा नहीं हूँ। मैं शक्ति और स्वास्थ्य से भरपूर हूँ और मैं सृजनात्मक तरीक़े से जीने वाला हूँ। आप जिस तरह से बात कर रहे हैं, आपको उस तरह से नहीं सोचना चाहिए।"

मेरा सुझाव सुनने के बाद वह बोला, "आप एक बात जानते हैं? आप अमेरिका वाले एक आदमी की तरह बोल रहे हैं, जिसने कभी सकारात्मक सोच पर एक पुस्तक लिखी थी।"

जब मैंने उसे बताया कि वह उसी इंसान से बात कर रहा है, तो उसे इस बात पर बड़ी मुश्किल से विश्वास हुआ!

यह कहते हुए ज़िंदगी न गुज़ार दें, "मैं अच्छा महसूस नहीं करता।" "मैं थक चुका हूँ।" "मैंने अपना उत्साह खो दिया है।" "मैं बूढ़ा हो रहा हूँ।" "मैं किसी लायक़ नहीं हूँ।" "मेरा कोई भविष्य नहीं है।" इस तरह की बातचीत ग़लत क़िस्म की सोच से उत्पन्न होती है और यह अपने भविष्य को बरबाद करने का अचूक तरीक़ा है। इसके बजाय यह दृढ़ कथन कहें, "मैं ख़ुश हूँ; मैं उत्साही हूँ; ईश्वर की कृपा से मेरे पास एक भविष्य है।"

उसे उसका भविष्य मिल गया

आइए, मैं आपको पेनसिल्वेनिया के एक व्यक्ति का पत्र बताता हूँ।

यहाँ मैं जो भी शब्द लिखता या बोलता हूँ, वे उस कृतज्ञता को कभी व्यक्त नहीं कर सकते, जो मैं आपके लिए महसूस करता हूँ। आपने मुझे ईश्वर के प्रेम को समझने का अवसर दिया, जिससे मेरा पूरा जीवन बदल गया।

तीन साल से ज़्यादा समय पहले मैंने कॉलेज की पढ़ाई छोड़ दी थी। मुझे बमुश्किल "सी" एवरेज मिला था और मुझे महसूस हुआ कि कॉलेज में मेरी रुचि का कुछ भी नहीं था। देखिए, मैंने कॉलेज की पढ़ाई छोड़कर एक बेहतरीन तथा अद्भुत महिला से शादी कर ली। मुझे एक गैस स्टेशन में ही नौकरी मिल पाई, लेकिन वह पूरी तरह मेरे साथ थी।

हालाँकि मैंने थोड़ी प्रगति की और अच्छी आमदनी कमाने लगा, लेकिन मुझे हमेशा महसूस हुआ कि किसी चीज़ की कमी थी। फिर मेरे बेटे और बेटी के जन्म के बाद एक दिन मुझे अहसास हुआ कि मेरा कोई भविष्य नहीं था। यह बहुत बुरी भावना थी। मैं जानता था कि जिस ऑइल कंपनी में मैं काम कर रहा था, उसमें तरक्की करने के लिए मुझे दोबारा कॉलेज लौटना होगा, लेकिन असफलता और असुरक्षा का डर मुझे पीछे रोक रहा था।

फिर एक साल पहले वह शानदार दिन आया, जब मैंने आपकी पुस्तक ख़रीदी और मेरा जीवन बदलने लगा। इस पुस्तक ने मुझे एक ऐसा ईश्वर दिखाया, जिसे मैं कभी नहीं जानता था; एक ऐसा ईश्वर जो इंसान की मदद करना चाहता था। मैं प्रार्थना करने लगा, न सिर्फ़ ख़ुद के लिए, बल्कि दूसरे लोगों के लिए भी। मैं ईश्वर से बात करने लगा। महीनों बाद पहली बार मुझे आत्मविश्वास और शांति का अहसास मिला। मेरे मित्रों ने इस फ़र्क़ पर ग़ौर किया और जिन लोगों को मैं नापसंद करता हूँ, उन्होंने भी मेरी प्रार्थनाओं पर प्रतिक्रिया की और हमारे बीच मित्रता हो गई।

आपकी पुस्तक *द पॉवर ऑफ़ पॉजिटिव थिंकिंग* ने मुझे कॉलेज में दोबारा पढ़ने का साहस दिया। लेकिन मेरी दिनचर्या मुश्किल थी, क्योंकि मैं शाम को सप्ताह में 45 घंटे की नियमित नौकरी करता रहा, जबकि दिन भर कॉलेज की पढ़ाई करता रहा। हर चीज़ मेरी कल्पना से भी बेहतर साबित

हुई। मेरा परिवार और मैं पहले कभी इतने खुश नहीं रहे थे; नौकरी में मेरा प्रदर्शन बहुत ज़्यादा बेहतर हो गया। मुझे 4.0 या सीधे "ए" ग्रेड के औसत के साथ कॉलेज में डीन की सूची में चुना गया।

लेकिन मुझे कहना होगा कि मैं इसके बहुत कम श्रेय का हक़दार हूँ। श्रेय तो सही मायने में आपको और ईश्वर को मिलना चाहिए। आपने मुझे सिखाया कि अपने जीवन में ईश्वर की शक्ति को कैसे खोजना है और मैंने एक पद्धति ईज़ाद की, जिसकी बदौलत मुझे हर दिन ईश्वर से बात करने का समय मिला।

मैं हर दिन कॉलेज और कामकाज के सिलसिले में तीस मील की यात्रा करता था। मैं आख़िरी मिनट पर घर से निकलता था, लेकिन एक मित्र की सलाह पर मैं आधा घंटा पहले निकलने लगा।

मैं एक छोटे डेरी मार्ट पर रुकता था, जहाँ मैं एक कप कॉफ़ी और एक कप ईश्वर का आनंद लेता हूँ। बीस मिनट तक मैं अपने ट्रक में बैठता था, सुकून से कॉफ़ी पीता था और प्रार्थना करता था।

मैं ईश्वर के बिना कभी कामयाब नहीं हो सकता था और आपके बिना मैं ईश्वर को कभी नहीं समझ सकता था। इसलिए मैं जो गर्मजोशी भरा प्रेम और कृतज्ञता महसूस करता हूँ, उसे शब्दों में व्यक्त नहीं किया जा सकता। अब मैं जानता हूँ कि मेरा भविष्य बहुत शानदार है!

ज़ाहिर है, इस मनुष्य का भविष्य शानदार है। जब उसे ईश्वर मिल गए, तो निराशा, नकारात्मकता, हताशा और कुंठा उसके दिमाग़ से बाहर निकल गई; एक नए नज़रिये ने उसके दिमाग़ की बागडोर सँभाल ली। फिर जब उसने कॉलेज में नाम लिखाकर अपने शब्दों को कार्यरूप दिया, तो उसका भविष्य शक्तिशाली हक़ीक़त बन गया।

जब आप यह पढ़ते हैं, तो मेरी बड़ी इच्छा है कि आपको यह विश्वास दिला सकूँ कि अगर आप यह सोचते रहें कि आपका कोई भविष्य नहीं है, तो आप अपने भविष्य को कमज़ोर कर सकते हैं, शायद नष्ट भी कर सकते हैं। लेकिन अगर आप सचमुच यह विश्वास करते हैं कि आपका एक भविष्य है, तो आप सुनहरा भविष्य बना सकते हैं और इसे ईश्वर के हवाले कर सकते हैं। जीवन में हर दिन जागते समय कहें, "ईश्वर की कृपा से मेरे पास एक भविष्य है।" आपके पास भविष्य हो, यह ईश्वर का ही इरादा था। ईश्वर का इरादा था कि आप और मैं अंतिम पल तक जीवन को जीते रहें, भविष्य में विश्वास करते रहें और इसके बाद अमर भविष्य की ओर जाएँ। खुद को हर दिन बताएँ कि ईश्वर की कृपा से मेरे पास एक ऐसा भविष्य है, जो हर उस भविष्य से ज़्यादा बड़ा है, जो मेरे पास आज तक रहा है।"

हाईवे पर आस्था

शिकागो क्षेत्र में एक हाईवे पर एक कार में तीन लोग बैठे थे। स्टेशन वैगन में डेल ग्रुएट्ज़मेकर और उसके पति एम्बर के साथ उनकी बेटी स्यू भी थी। ट्रैफ़िक भारी था और बारिश की वजह से सड़क चिकनी थी। एम्बर ने वाहनों की क़तार के पीछे अपनी कार रोकी। तभी उसे पीछे वाले शीशे में बरसों की

ड्राइविंग का सबसे ख़ौफ़नाक दृश्य दिखा। एक विशाल ट्रेलर ट्रक हाईवे पर बेक़ाबू होकर फिसल रहा था और सीधे उसकी कार की तरफ़ आ रहा था।

एक सेकंड बाद ही यह कार से भिड़ गया और चकनाचूर करने वाली शक्ति के साथ इसके ऊपर गिर गया। काँच टूटने और धातु के मुड़ने की आवाज़, गैसोलिन का धुआँ, ख़ामोशी। माँ के घुटने सीने से चिपके हुए थे और वह बमुश्किल साँस ले पा रही थी। मुश्किल से उसने अपने हाथ और सिर हिलाया, लेकिन कार की दबी-कुचली छत उसके सिर से सिर्फ़ कुछ इंच ऊपर थी। उसके पति का शरीर विकृत स्थिति में था। उसके फँसे हुए पैर अजीब तरीक़े से मुड़ गए थे। एक पैर नीचे मुड़ा था, दूसरा पैर कार की टूटी खिड़की के पार निकला था और दैत्याकार ट्रक के बग़ल में दबा हुआ था। स्यू पीठ के बल लेटी थी और उसे हिलने में मुश्किल आ रही थी।

कोई भी गंभीर दर्द में नहीं था। किसी की भी हड्डी नहीं टूटी थी और किसी को भी ख़ून नहीं निकल रहा था, लेकिन वे अपनी मदद करने के लिए कुछ नहीं कर सकते थे। दुर्घटनाग्रस्त ट्रक ने उनकी चकनाचूर कार को ढँक रखा था। इन तीनों ने इस ख़ौफ़नाक स्थिति से निबटते समय ईश्वर को इस बात के लिए धन्यवाद दिया कि वे अब भी ज़िंदा हैं। उन्हें इस बात का ज़बर्दस्त अहसास था कि उस बरबाद कार में भी ईश्वर उनके साथ है, जो उनका कफ़न बन सकती थी।

एक दोस्ताना चेहरा नज़र आया, जो गुज़रने वाले एक कार चालक का था, जो उन सभी को ज़िंदा देखकर हैरान था। उसने उन्हें आश्वस्त किया कि मदद आ रही है। वे प्रार्थना करते रहे, जब पलटे हुए ट्रक का डीज़ल उनके गैस टैंक की गैसोलीन के साथ मिला। एक छोटी सी चिंगारी इसमें आग लगा

सकती थी। फिर उन्हें अहसास हुआ कि कार की छत धीरे-धीरे नीचे आ रही थी। एक-एक इंच करके ट्रक का भारी वज़न दबी हुई स्टेशन वैगन के आख़िरी प्रतिरोध को ख़त्म कर रहा था।

एक घंटा गुज़र गया; दो घंटे। अग्निशामक दमकल का एक कर्मचारी ऑक्सीजन सिलेंडर से जुड़ी ट्यूब लेकर आया, जिससे उन्हें साँस लेने में आसानी हुई। लेकिन उन्होंने क्या किया? वे आस्था के भजन गाने लगे और उन्होंने एक दूसरे को तसल्ली दी, "ईश्वर जानता है कि हम कितना सहन कर सकते हैं।"

आख़िरकार वह अति महत्त्वपूर्ण पल आया, जब क्रेन ने ट्रक को उठाया। अगर ट्रक क्रेन से फिसल जाता, तो उनकी कार का कचूमर बन जाता। इस आशंका से बचने के लिए ट्रक के नीचे मज़बूत टेक लगाई गई और दुर्घटना के तीन घंटे बाद वे अपनी क़ैद से मुक्त हो पाए। चमत्कारिक रूप से ज़िंदा बचने के बाद उन्हें अस्पताल ले जाया गया और जल्दी ही वहाँ से छुट्टी दे दी गई। लोगों ने पूछा, "आप इतने शांत कैसे थे?"

उनका जवाब था, "इस संसार में हम ईश्वर के हाथों में हैं और यहाँ से जाने के बाद भी उसी के हाथों में होंगे।" दरअसल, वे यह कह रहे थे, "चाहे जो भी हो, जब हम ईश्वर के हाथों में होते हैं, तो हमारे पास एक भविष्य होता है।"

क्या भविष्य का संबंध इस नश्वर जीवन के परिणामों से ही होता है? क्या भविष्य की एक सीमा होती है, जिसके पार कुछ नहीं होता? बिलकुल नहीं! भविष्य असीमित होता है और अमरता में काफ़ी दूर तक जाता है। समय भविष्य को

तय नहीं करता है। उम्र या परिस्थितियाँ भविष्य को तय नहीं करती हैं। यदि ईश्वर में आपका भविष्य है, तो वह भविष्य हमेशा रहता है।

इसलिए मैं एक बार फिर कहता हूँ, "आपके पास एक भविष्य है!"

अध्याय 7

ग्यारह आम समस्याओं को जीतने की मार्गदर्शिका

मुश्किल से कैसे निबटें

1. *दृढ़ कथन कहें।* दृढ़ कथन कहें और तब तक कहते रहें, जब तक आपको यह यक़ीन न हो जाए कि ईश्वर की सहायता से आप उस मुश्किल से निबट सकते हैं।

2. *दहशत में न आएँ।* कोई दहशत नहीं होनी चाहिए, क्योंकि मुश्किलों को कभी भी भावनात्मक तरीक़े से नहीं सँभाला जा सकता। अपने दिमाग़ को हमेशा ठंडा रखें।

3. *व्यवस्थित करें।* मुश्किल को व्यवस्थित करें। इसके टुकड़े कर इसके अवयव तत्त्वों का अध्ययन करें। आपको नया ज्ञान मिलेगा।

4. *सोचें।* हमेशा स्वस्थ, तार्किक ढंग से सोचें।

5. *मैं ही क्यों?* जब कोई मुश्किल आए, तो यह न पूछें, "मैं ही क्यों?" ख़ुद को परिस्थितियों का शिकार न मानें। जीवन इसी तरह चलता है। हर एक के सामने देर-सबेर मुश्किल आती है।

6. *धैर्य*। धैर्य का अभ्यास करें, क्योंकि कुछ मुश्किलें रातोंरात नहीं सुलझती हैं।

7. *स्वीकृति*। स्वीकृति महत्त्वपूर्ण है। ईश्वर को बताएँ कि अगर आपको इस मुश्किल के साथ जीना पड़ा, तो आप उसकी मर्ज़ी को स्वीकार करेंगे और आपको मालूम है कि वह आपको आवश्यक शक्ति देगा।

8. *सीखें*। किसी मुश्किल में नसीहत की तलाश करें, ताकि आप भविष्य में ऐसी स्थिति को अच्छी तरह सँभाल सकें।

9. *ज़्यादा बड़ा*। हर दिन यह दृढ़ कथन कहें, "मेरे साथ जो भी चीज़ हो सकती है, ईश्वर उससे ज़्यादा बड़ा है।"

10. *सब कुछ छोड़ो और ईश्वर को पकड़ो*। जब आपने वह सब कर लिया हो, जो आप कर सकते हैं, तो मुश्किल को इस विश्वास के साथ ईश्वर के हाथों में रख दें कि वह आपको समाधान दिखा देगा।

चिंता से कैसे उबरें

1. *आदत*। चिंता एक आदत है, जो लंबे समय तक विकसित होती है। जो भी आदत बन सकती है, उसे छोड़ा भी जा सकता है। इसलिए पहला क़दम यह है कि चिंता की आदत से खुद को मुक्त कर लें।

2. *गला दबाएँ*। चिंता शब्द का मूल अर्थ है : गला दबाना या दम घोटना। यह आपकी नैसर्गिक ऊर्जा और प्रभावकारिता की आपूर्ति बंद कर सकती है। चिंता के विचारों से अपना दम न घोंटें।

3. *मूर्खतापूर्ण*। चिंता करना मूर्खतापूर्ण है। यह मानसिक ऊर्जा की मूर्खतापूर्ण बरबादी है। यह अनुमान लगाया गया है कि आपकी 40 प्रतिशत चिंताएँ अतीत के बारे में होती हैं, 50 प्रतिशत भविष्य के बारे में होती हैं और 10 प्रतिशत वर्तमान समस्याओं के बारे में होती हैं। जिन चीज़ों की चिंता की जाती है, उनमें से 92 प्रतिशत तो कभी होती ही नहीं हैं। बाक़ी बची हुई 8 प्रतिशत चिंता से आप निबट सकते हैं।

4. *भूलें*। अतीत की ग़लतियों के बारे में चिंता करना छोड़ने का एक प्रभावकारी तरीक़ा भूलने में कुशल बनना है। अतीत जा चुका है, इसलिए इसे भूल जाएँ। हर दिन ज़ोर से कहें, "जो चीज़ें पीछे छूट गई हैं, उन्हें भूलकर और जो चीज़ें सामने हैं, उन तक पहुँचकर मैं ईश्वर के उच्च आह्वान के पुरस्कार के लिए आगे की ओर बढ़ता हूँ।"

5. *नज़रअंदाज़ करें*। महान मनोवैज्ञानिक-दार्शनिक विलियम जेम्स ने कहा था, "जीनियस का सार यह जानना है कि किसे नज़रअंदाज़ करना है।" जब चिंता करने वाला नज़रअंदाज़ करना सीख लेता है, तो ध्यान कम हो जाता है, तनाव बिखर जाता है और एक नया नज़रिया "इसे जाने दो" हावी हो जाता है। यह चिंता के इलाज के लिए महत्त्वपूर्ण है।

6. *भविष्य*। भविष्य में स्याह चिंताओं की तलाश न करें। प्रकाश से भरे भविष्य की तलाश करें, एक ऐसा भविष्य जिसमें ईश्वर आपकी हिफ़ाज़त करता है। क्या हो सकता है, इस बारे में चिंता न करें; आस्था रखकर अच्छी घटनाओं का सृजन करें।

7. *निर्विकार*। अगर आप निर्विकार बनने का नज़रिया सीख लेते हैं, तो फिर आप चिंतातुर नहीं बनेंगे। चिंता या तनाव से परे हटकर यह कहें और विश्वास व्यक्त करें, "ईश्वर मुझे शांत रख रहा है।"

8. *ख़ाली*। दिमाग़ से कोई भी चीज़ निकाली जा सकती है। इसलिए अगर आपने इसमें चिंता के विचार भर दिए हैं, तो इसी समय उन विचारों को अपने दिमाग़ से ख़ाली करना शुरू कर दें। यह करने का एक तरीक़ा अधिकारपूर्वक यह ऐलान करना है, "मैं इस समय सारी चिंता, तनाव, डर, असुरक्षा को अपने दिमाग़ से ख़ाली कर रहा हूँ।"

9. *भरिए*। दिमाग़ को इस तरह बनाया गया है कि यह लंबे समय तक ख़ाली नहीं रहेगा। इसे किसी सकारात्मक चीज़ से भरना होगा, वरना चिंता की नकारात्मक आदत दोबारा लौट आएगी। इसलिए हर दिन जान-बूझकर अपने दिमाग़ को शक्तिशाली, स्वस्थ विचारों से भरने की आदत डालें। ज़ोर से कहें, "ईश्वर इस समय मेरे मन में साहस, शक्ति, शांति और विश्वास भर रहा है।"

10. *उपस्थिति*। साहसी जीवन के लिए एक बहुत महान तकनीक ईश्वर की उपस्थिति का अभ्यास है। यह जान लें कि चाहे दिन हो या रात, ईश्वर हर मिनट आपके साथ है। हर दिन यह दृढ़ कथन कहें, "ईश्वर मुझे कभी अकेला नहीं छोड़ेगा। मैं कभी अकेला नहीं हूँ। उसके साथ मैं सुरक्षित हूँ।"

अकेलेपन से कैसे निबटें

1. *संसाधन*। अपने भीतर ऐसे संसाधनों की तलाश करें, जिन्हें आप अब तक नहीं खोज पाए हैं। ऐसे कई संसाधन हैं, जिनका आप अब तक पता नहीं लगा पाए हैं और जिनसे आप ख़ुद के लिए ज़्यादा रोचक बन जाएँगे।

2. *साथी*। क्या आपने कभी ख़ुद को अच्छा साथी माना है, एक ऐसा व्यक्ति जिसके साथ रहने में आपको मज़ा आए। कई लोग पाते हैं कि वे अपने साथ अच्छा समय गुज़ार सकते हैं।

3. *दिलचस्प*। अपने मन को दिलचस्प विचारों से भरें, रोचक चीज़ें करें, रोचक पुस्तकें पढ़ें, संसार में हो रही घटनाओं में रुचि लें।

4. *भूलें*। अकेला व्यक्ति अपने बारे में सोच-सोचकर अकेलेपन को गहरा बनाता है। ख़ुद को भूलना जीवन की एक बहुत महान क़ाबिलियत है।

5. *आनंद*। मज़ेदार क़िस्म के इंसान बनें। ज़्यादातर समय हँसें। हर चीज़ के मज़ेदार पहलू को देखने और उसकी क़द्र करने की तीक्ष्ण योग्यता विकसित करें। आप जितने ज़्यादा मज़ेदार होते हैं, आप उतने ही कम अकेले रहेंगे, क्योंकि लोगों को मज़ेदार व्यक्ति पसंद आते हैं।

6. *प्रचुरता*। अकेला जीवन बंजर और दुखद हो सकता है। इसका विरोधी प्रचुर शब्द है। बहुत सारी गतिविधियाँ रखें, बहुत सारी रुचियाँ रखें, बहुत सारे नए अनुभव लें। अपने दिमाग़ को बहुत सारी चीज़ों से भरें और

आपके जीवन में बहुत कुछ भर जाएगा।

7. *योजना*। हर दिन की एक योजना बनाएँ। कोई रोचक चीज़ करें, कोई अलग चीज़ करें। बहुत सारी जगहों पर जाएँ, बहुत सारी चीज़ें देखें, बहुत से लोगों के साथ परिचय करें।

8. *देखें*। आपके चारों तरफ़ हर जगह अकेले लोग रहते हैं। उनकी तलाश करें और वे आपको मिल जाएँगे। चूँकि आप भी अकेले हैं, इसलिए आप उन्हें आसानी से पहचान लेंगे।

9. *करें*। दूसरों के अकेलेपन को कम करने की कोशिश करें। जो दूसरों के लिए चीज़ें करता है, वह ज़्यादा समय तक अकेला नहीं रहेगा। आप दूसरों के दुख और अकेलेपन को कम करने के लिए जितना ज़्यादा करते हैं, आपके जीवन का दुख और अकेलापन भी उतना कम हो जाएगा।

10. *साहचर्य*। दरअसल, किसी को भी कभी अकेला रहने की ज़रूरत नहीं है। समुद्र के बीच में एक वीरान टापू पर भी आप अकेले नहीं हैं – कोई आपके साथ है। महान मित्र के साहचर्य को विकसित करें।

तनाव को मुक्त कैसे करें

1. *तनावग्रस्त*। खुद को सख़्त बनने की अनुमति न दें। कल्पना करें कि आप किसी कसकर खिंचे रबर बैंड की तरह हैं। अब खुद को ढीला छोड़ दें और सामान्य स्वरूप में लौट आएँ। अपनी सोच में शांति को तनाव का विरोधी मानें।

2. *मिनट*। दिन भर में एक-एक मिनट की शांति की अवधियों को छाँटें। पल भर के लिए स्थिर हो जाएँ। ईश्वर के बारे में एक मिनट सोचें। पहाड़ों या बादलों को एक मिनट देखें। देखें कि आप एक दिन में ऐसे कितने मिनट जमा कर सकते हैं।

3. *साँस लें*। जब तनाव आता महसूस हो, तो एक गहरी साँस लें, फिर छोड़ें। इसे दोबारा करें। इसे तीसरी बार करें। गहरी साँस अंदर-बाहर करने से तनाव कम होता है।

4. *पत्ती*। पल भर के लिए एक आरामकुर्सी में बैठें। अपना सिर पीछे टिका लें। अपने पैर फैला लें। अपने हाथ उठा लें और उन्हें अपने घुटनों पर ढीले गिरने दें, जैसे कोई गीली पत्ती किसी लट्ठे पर गिरती है। किसी लट्ठे पर गीली पत्ती से ज़्यादा तनावरहित क्या हो सकता है?

5. *मानसिक चित्र देखें*। आप जीवन में जिस सबसे शांत और सुंदर जगह पर रहे हैं, एक पल तक उसका मानसिक चित्र देखें। स्मृति के जादू से इसे याद करें और उसके पुराने उपचारक प्रभाव का एक बार फिर आनंद लें। स्मृति में किसी सुंदर घाटी, समुद्र तट या फूलों से भरे बाग की यात्रा करें।

6. *शांति*। ईश्वर की शांति की कल्पना करें, जो समझ से परे है। कल्पना करें कि यह इस वक्त आपके मन और शरीर के हर हिस्से को छू रही है। इसे अपनी आत्मा की गहराई में व्याप्त होता महसूस करें। दृढ़ता से और ज़ोर से कहें, "ईश्वर की शांति मेरे तनाव को शांति में बदल रही है।"

7. *बहाएँ।* चेतन रूप से और जान-बूझकर अपने दिमाग़ से हर उत्तेजित, हतोत्साहित, तनावग्रस्त विचार को बहा दें। इन विचारों को अपने मानसिक यंत्र से बाहर-बाहर-बाहर प्रवाहित होते देखें। इन्हें छोड़ दें, इसी समय।

8. *शब्द।* शब्दों की उपचारक चिकित्सा का अभ्यास करें। कठोर और कर्कश शब्द नहीं, बल्कि सुंदर, मधुर ध्वनि वाले, शांतिदायक शब्द बोलें। उन्हें धीरे-धीरे कहें। उन्हें उनके सबसे गहरे भाव से कहें। ऐसे शब्द बोलें, जैसे : शांति, विश्राम, आराम।

9. *एकांत।* हर दिन दस मिनट एकांत में रहना तनाव का शक्तिशाली तोड़ हो सकता है। एकांत के इस समय में कविता पढ़ें, *बाइबल* का अंश पढ़ें, प्रार्थना करें और मनन करें। यदि यह प्रक्रिया हर दिन दोहराई जाती है, तो यह तनाव को कम कर देगी।

10. *दोहराएँ।* आगे तनावरहित करने वाले जो कथन दिए गए हैं, उन्हें हर दिन और रात को तीन बार दोहराएँ, यदि संभव हो तो ज़ोर से : "जिसका मन आपमें रमा है, उसे आप पूर्ण शांति में रखेंगे;" "तुम सभी, जो श्रम करते हो और तुम भारी बोझ से लदे हो, मेरे पास आओ और मैं तुम्हें आराम दूँगा;" और "मैं तुम्हें शांति देता हूँ : उस तरह नहीं, जिस तरह संसार देता है, बल्कि उस तरह जिस तरह मैं तुम्हें देता हूँ। अपने हृदय को परेशान मत होने दो, न ही इसे भयभीत होने दो।"

दुख का सामना कैसे करें

1. *दर्शन।* सबसे पहले तो इंसान को यह दार्शनिक अहसास होना चाहिए कि मानव अनुभव में कुछ अपरिहार्य चीज़ें हैं, जो हममें से हर एक के पास आएँगी। ऐसा दर्शन आपको दुख के लिए तैयार कर देगा और जब वह अपरिहार्य चीज़ होगी, तो उसका सामना करने में आसानी होगी।

2. *अच्छाई।* ईश्वर ने जो कुछ भी तय किया है, वह कभी बुरा नहीं होता है। इसलिए हमारे दुखों के पीछे भी ईश्वर का कोई न कोई अच्छा मक़सद होगा। उसकी अच्छाई आपके यहाँ से जा चुके प्रियजनों को दी जाती है और यह आपको भी दी जाती है, जो इस वक़्त यहीं हैं।

3. *जारी रखें।* अपने सामान्य पुनः अनुकूलन के लिए पहले की तरह ही सक्रिय जीवन जीते रहें। अपने प्रियजनों की प्रिय जगहों से न कतराएँ। पहले की तरह गतिविधियाँ जारी रखें; समय के साथ आपको इस बात से तसल्ली मिलेगी कि आपका प्रियजन भी यही चाहता कि आप ऐसा ही करें।

4. *खोना।* कभी यह न कहें कि आपने अपनी पत्नी, पति, बच्चे, भाई या बहन को "खो" दिया है। कवि के शब्दों को याद करें, "प्रेम कभी इसके अपने को नहीं खोता है।" आपने उस प्रियजन को नहीं खोया है; वे तो बस एक नए आयाम में जी रहे हैं और बहुत ज़्यादा दूर नहीं हैं।

5. *मकान*। दुखी हृदय पूछता है, "मेरा प्रियजन कहाँ है?" इस सवाल का जवाब आसान है। आपका प्रियजन परम पिता के कई महलों के मकान में है, प्रेम व सौंदर्य से घिरा है, और अच्छा, शक्तिशाली व खुश है। बस खुद को बता दें कि वह पूरी तरह से अच्छा है – बिलकुल अच्छा।

6. *मिलें*। पुराने भजन को याद करें, "मधुर विदा में, हम उस सुंदर तट पर मिलेंगे।" इसे तथ्य के रूप में, सच्चाई के रूप में याद रखें। ईश्वर ने यह संभव बनाया है कि हम यहाँ मिलें और वह इसे भी संभव बनाएगा कि हम "वहाँ पर" मिलें।

7. *उपचार करें*। अपने दुख का उपचार करने का सबसे अच्छा तरीक़ा किसी दूसरे के दुख का निदान है। जब आप सहानुभूति व प्रेम देते हैं, तो यह दोगुना होकर आपकी ओर लौटता है। अपने परिचित सभी दुखी लोगों की सूची बनाएँ। उन्हें तसल्ली देने की कोशिश करें। इससे आपको खुद भी आराम और निदान का आश्चर्यजनक अहसास होगा।

8. *आत्मसात करें*। खुद के बारे में यह महान तथ्य जान लें : ईश्वर की कृपा से आप किसी भी अनुभव को, चाहे यह कितना भी दुखद हो, आत्मसात कर सकते हैं और विजयी बनकर वापसी कर सकते हैं। मानव स्वभाव में एक सामंजस्यपूर्ण और लचीली प्रणाली होती है। जब किसी व्यक्ति में गहरी धार्मिक आस्था होती है, तो दुख से उबरना ज़्यादा आसान हो जाता है।

9. *अभिव्यक्ति*। अपने दुख को सामान्य अभिव्यक्ति दें। इसे बोतल में बंद करने या इस पर ताला लगाने की कोशिश न करें। ईश्वर ने आँसू एक उद्देश्य से बनाए थे और इनका मक़सद राहत देना था। आँसू द्रव पीड़ा है। अपने दुख पर शर्मिंदा न हों या इसे दबाने की कोशिश न करें। रोकर और प्रार्थना करके इसे बाहर निकाल दें; आपको शांति मिल जाएगी।

10. *पुनर्जीवन*। शायद दुख का सबसे महान उपचार आस्था में मिलता है। ईसा मसीह के महान शब्दों को दोहराएँ, जो आपके दुख को समझते हैं। ऐसे कथनों का इस्तेमाल करें, "ईसा मसीह ने कहा था कि मैं जीवन और पुनर्जीवन हूँ। जो मुझमें विश्वास करता है, भले ही वह मर जाए, लेकिन वह जिएगा... जो भी जीता है और मुझमें विश्वास करता है, वह कभी नहीं मरेगा।"

हीन भावना का इलाज कैसे करें

1. *सक्षम*। सक्षम, प्रभावी और सफल व्यक्ति के रूप में अपनी मानसिक तसवीर बनाएँ। इस तसवीर को दृढ़ता से अपने मन में बैठा लें और किसी भी प्रकार की आत्म-शंका से मिटने न दें। जल्द ही आपकी मानसिक प्रक्रियाएँ आपकी इस तसवीर को साकार करने के लिए काम में जुट जाएँगी।

2. *रद्द करें*। जब भी अपने बारे में या अपनी योग्यताओं के बारे में कोई नकारात्मक विचार मन में आए, तो इसे तुरंत निरर्थक, असत्य और अयथार्थवादी करार

देकर रद्द कर दें। आप जितनी ज़्यादा शक्ति से इसे रद्द करते हैं, यह उतना ही ज़्यादा कमज़ोर बन जाएगा और एक समय यह पूरी तरह ग़ायब हो जाएगा।

3. *बाधाएँ।* कभी भी किसी भी तरह की बाधा से दहशत में न आएँ। बाधा को यथार्थवादी अंदाज़ में देखें, फिर दृढ़तापूर्वक कहें कि – ईश्वर की सहायता से – आप इससे सफलतापूर्वक निबट सकते हैं।

4. *भय।* कभी किसी व्यक्ति या समूह से भयभीत न रहें। कभी किसी दूसरे की नक़ल न करें। आप अनूठे हैं, इसलिए ख़ास हैं। आप जैसे हैं, अपने प्रति सम्मान रखें और दूसरों को निडरता से देखें।

5. *बारह।* अगर बारह शक्तिशाली शब्दों पर ज़ोर दिया जाए और उन पर विश्वास किया जाए, तो वे सारी हीनता और अक्षमता की भावना का इलाज कर सकते हैं। इन बारह शब्दों को हर दिन कम से कम बारह बार दोहराएँ – संभव हो, जो ज़ोर से। उन्हें सोते समय कहें, ताकि वे अचेतन में रिस जाएँ। ये शब्द हैं : "यदि ईश्वर हमारे साथ है, तो हमारे ख़िलाफ़ कौन हो सकता है?" "हमारे" की जगह पर "मेरे" कर लें।

6. *समझ।* जब आप अपनी हीन भावनाओं के कारण समझ लेते हैं, तो आप उन पर विजय पाने की राह पर हैं। जानना और समझना उपचार की शुरुआत है। हीनता की भावनाएँ आम तौर पर बचपन में शुरू होती हैं और अक्सर रहस्य से ढँक जाती हैं। यह उन्हें अंतिम मान लेता है। लेकिन वे स्वाभाविक नहीं

हैं, उन्हें सीखा जाता है। उन्हें समझें और स्वतंत्र हो जाएँ।

7. *मज़बूत करें*। हीनता का शिकार कमज़ोर और अप्रभावी महसूस करता है। दरअसल वह ऐसा होता नहीं है। लेकिन ऐसा सोचने का मतलब है कि उसे मज़बूत बनाना होगा। नीचे दिए शब्दों को दोहराने से शक्ति बढ़ जाएगी, "मैं ईश्वर के ज़रिये सारी चीज़ें कर सकता हूँ, जो मुझे शक्ति देते हैं।"

8. *आकलन*। विचारपूर्ण और यथार्थवादी ढंग से, पूरी ईमानदारी से अपनी योग्यताओं का आकलन करें। फिर नकारात्मक कम आकलन की भरपाई करने के लिए आकलन को दस प्रतिशत बढ़ा लें। अहंकारी बनने की चिंता न पालें। एक स्वस्थ, सामान्य आत्मसम्मान विकसित करने की दिशा में काम करें।

9. *आध्यात्मिक*। जो व्यक्ति हीनता से कष्ट उठाता है, उसमें आध्यात्मिक शक्ति कम होती है। अपनी सोच में आध्यात्मिक सामग्री को बढ़ाने से आप ईश्वर की संतान के रूप में सामान्य हो जाएँगे। सकारात्मक प्रार्थना – जिसमें आप ईश्वर को उस बढ़ी हुई आध्यात्मिक शक्ति के लिए धन्यवाद देते हैं, जो इस समय आपके भीतर काम कर रही है – कारगर होती है।

10. *साझेदारी*। अहसास करें कि आप जीवन का सामना अकेले नहीं कर रहे हैं, बल्कि अब आपके पास एक साझेदार है, एक बड़ा वरिष्ठ साझेदार, जो हमेशा आपका मार्गदर्शन करने और आपकी मदद करने के

लिए क़रीब ही खड़ा है। ईश्वर और आपकी महान साझेदारी को कोई चीज़ कैसे हरा सकती है? ईश्वर के साथ आप हर परिस्थिति में शक्तिशाली होते हैं।

डर से छुटकारा कैसे पाएँ

1. *खोजें*। डर से छुटकारा पाने का शायद सबसे बुनियादी तरीक़ा बाइबल में लिखा गया है : "मैंने ईश्वर को खोजा और उन्होंने मेरी बात सुनी और मुझे अपने सभी डरों से मुक्त कर दिया।" जिस बात पर ज़ोर दिया है, उस पर ग़ौर करें : सभी।

2. *विश्वास*। डर का विपरीत है विश्वास, इसलिए विश्वास का अभ्यास करें। ईश्वर में विश्वास रखें और इस तथ्य में कि आप जिन चीज़ों से डरते हैं, उनमें से ज़्यादातर कभी नहीं होंगी।

3. *निर्भर रहें*। औसत के नियम पर निर्भर रहें कि आपके पास सुरक्षा होगी। जिस यंत्र का आपको इस्तेमाल करना है, उस पर विश्वास रखें, जैसे बस, हवाई जहाज़ या पानी के जहाज़। विश्वास रखें कि आप कार्यकुशलता पर भरोसा कर सकते हैं और ईश्वर पर निर्भर रह सकते हैं।

4. *अध्ययन करें*। अपने डरों के उद्गम का पता लगाने के लिए अध्ययन करें। आपके डर के पीछे कारण होते हैं। चूँकि डर बहुत ऊँचे भावनात्मक स्तर पर भरता है, इसलिए इनमें से कई कारण अतार्किक हो सकते हैं।

5. *जोड़ें*। अपने जीवन में उन सभी समयों को जोड़ने की तकनीक बार-बार आज़माएँ, जब आप जानते हैं कि आपकी परवाह की जा रही है, आपकी हिफ़ाज़त की जा रही है और रक्षा की जा रही है। यह दृढ़ कथन दोहराएँ कि यह हमेशा इसी तरह से होगा।

6. *करें*। इमर्सन की सलाह दमदार है, "जिस चीज़ से आप डरते हैं, उसे कर दें और फिर डर की मौत तय है।" अगर आप किसी चीज़ को करने से डरते हैं, लेकिन उस चीज़ को करने में समझदारी नज़र आती है, तो उसे कर दें। जब आप काम कर देंगे, तो आपका डर घट जाएगा।

7. *साहस*। मानसिक और आध्यात्मिक दृष्टि से साहस पर ज़ोर दें। यह डर के विचारों को रद्द करने की प्रक्रिया शुरू कर देगा। साहस के साथ सोचें, साहस के साथ काम करें और फिर डर साहस के सामने घुटने टेक देगा।

8. *देखें*। अपनी ऐसी तसवीर बनाएँ, जैसे आप अपने सभी डरों से इसी समय स्वतंत्र हुए हैं। हम जिस चीज़ की गहराई से तसवीर बनाते हैं, वह अंततः तथ्य के रूप में साकार हो जाती है।

9. *मदद करें*। किसी भयभीत व्यक्ति को उसके डरों से उबरने में मदद करके उसका भला करें। डर हटाने में किसी दूसरे की मदद करने से आप पर से भी डर की पकड़ ढीली हो जाएगी।

10. *आस्था*। डर संसार में दूसरी सबसे प्रबल शक्ति है। लेकिन सबसे प्रबल शक्ति है आस्था। आस्था डर से ज़्यादा शक्तिशाली होती है। इसलिए डर से छुटकारा पाने के लिए अपनी आस्था बढ़ाएँ।

सफल वैवाहिक जीवन कैसे पाएँ

1. *भावना*। सफल वैवाहिक जीवन का पहला नियम यह सुनिश्चित करना है कि आप भावनात्मक दृष्टि से वयस्क हों। विवाह बच्चों के लिए नहीं, परिपक्व लोगों के लिए होता है। दो अलग-अलग व्यक्तित्वों के मिलन के लिए प्रत्येक में भावनात्मक संतुलन और नियंत्रण की ज़रूरत होती है।

2. *आधारशिला*। हर इमारत के लिए एक आधारशिला की ज़रूरत होती है। यह विवाह बनाने के बारे में भी सही है। किसी विवाह की आवश्यक तथा महत्त्वपूर्ण आधारशिला इन शब्दों में व्यक्त की गई है, "ईश्वर मकान बनाता है; उसके सिवा जो मकान बनाते हैं, वे व्यर्थ में श्रम करते हैं।"

3. *बहस*। मिलकर अपनी सारी समस्याओं पर बातचीत करें और मिलकर तार्किक समाधानों पर पहुँचें। अच्छी बातचीत, यहाँ तक कि नियंत्रित बहस भी, अच्छी होती है। लेकिन यह सुनिश्चित करें कि इसमें भावनाएँ न हों। कौन सही है, इसके बजाय हर चीज़ का निर्णय इस आधार पर लें कि क्या सही है।

4. *सर्वश्रेष्ठ*। सुखद विवाह में हर जोड़ीदार सामने वाले के सर्वश्रेष्ठ पहलू को उजागर करने की कोशिश करता

है। सामने वाले के व्यक्तित्व के प्रति ऊँचा सम्मान रखने वाले दो लोग जब एक दूसरे से प्रेम करते हैं, तो उनका सुंदरता से मिल-जुलकर रहना तय है।

5. *विनम्र*। सामान्य शिष्टाचार वैवाहिक जीवन में एक संपत्ति है। एक दूसरे के प्रति विनम्र और शिष्ट रहें। क्रोध की वजह से कभी अशिष्ट न बनें। मानव व्यक्तित्व सम्मान पर प्रतिक्रिया करता है। एक-दूसरे का सम्मान करें।

6. *पारस्परिक*। यह याद रखना महत्त्वपूर्ण है कि विवाह पारस्परिक ज़िम्मेदारियों पर आधारित संबंध है। दोनों व्यक्तियों को साझेदारी में बराबर हिस्सा लेना चाहिए। निश्चित रूप से किसी को भी दूसरे पर हावी नहीं होना चाहिए।

7. *तालमेल*। अच्छा विवाह तालमेल बनाने पर निर्भर करता है। यह तालमेल सभी स्तरों पर बनना चाहिए – शारीरिक, भावनात्मक, मानसिक और आध्यात्मिक। तालमेल दोनों पक्षों को बनाना चाहिए।

8. *टीम*। टीम के रूप में जिएँ, खेलें और काम करें, जिसमें हर साझेदार विवाह के पूर्ण प्रयास में समान योगदान दे। अक्सर मिलकर काम करें और सामने वाले के काम में रुचि लें। सभी निर्णय टीम के आधार पर लें।

9. *रात*। हर रात सोने से पहले इकट्ठे प्रार्थना करें। सभी निर्णयों और सभी समस्याओं के बारे में इकट्ठे प्रार्थना करें। जो दंपति इकट्ठे प्रार्थना करते हैं, वे इकट्ठे विकास करेंगे, मिलकर रहेंगे और इकट्ठे ही जीतेंगे।

10. *रोमांचक।* आप सामने वाले के प्रति करने के लिए जो भी अच्छी और प्रेमपूर्ण चीज़ करने की सोच सकते हैं, उसे रोमांचक अनुभव बना दें। अगर दोनों ही सामने वाले को ख़ुश करने की कोशिश करेंगे, तो दोनों ख़ुश रहेंगे और विवाह सफल होगा।

किसी समस्या को कैसे सुलझाएँ

1. *बीज।* समस्या सुलझाना शुरू करने का तरीक़ा यह है कि इस ठोस विश्वास को क़ायम रखा जाए कि हर समस्या का एक समाधान होता है। वास्तव में, हर समस्या में इसके ख़ुद के समाधान के बीज शामिल होते हैं। यदि आप किसी समस्या में गहराई तक देखते हैं, तो आपको अपनी समस्या का जवाब मिल सकता है।

2. *शांत।* किसी समस्या को सुलझाने का बुनियादी आधार यह है कि भावनात्मक दृष्टि से शांत रहा जाए। तनाव वैचारिक शक्ति के प्रवाह को बाधित कर सकता है। इसलिए तनाव के तत्व कम करना महत्त्वपूर्ण है, क्योंकि भावनाओं के नियंत्रित रहने पर ही मस्तिष्क कुशलता से काम कर सकता है।

3. *एकत्रीकरण।* किसी समस्या से निबटने का एक उचित तरीक़ा यह है कि सभी तथ्यों को निष्पक्षता से, अवैयक्तिकता से और सही ढंग से इकट्ठा किया जाए। समस्या के तत्त्वों के प्रति वैज्ञानिक नज़रिया रखें।

4. *काग़ज़।* समस्या के सभी अवयव हिस्सों को काग़ज़ पर उतार लें, ताकि आप उन्हें क्रमबद्ध सामंजस्य में देख

सकें। इस तरह की नीति से आपको अपनी सोच स्पष्ट करने में मदद मिलेगी, क्योंकि आप समस्या के विभिन्न घटकों को सुनियोजित क्रम में रख देंगे। स्पष्टता से देखने पर आप स्पष्टता से सोच पाएँगे।

5. *शक्ति*। किसी समस्या के जवाब को विवश करने की कभी कोशिश न करें। अपने मन को तनावरहित रखें और समाधान को स्वाभाविक रूप से खुलने तथा स्पष्ट बनने की अनुमति दें। किसी जवाब को विवश करने में ख़तरा यह रहता है कि आप उस चीज़ को विवश कर सकते हैं, जो आप चाहते हैं, बजाय उसके जो सही हो।

6. *प्रार्थना*। अपनी समस्या के बारे में गहन प्रार्थना करें। विश्वास करें और दृढ़ कथन कहें कि दैवी मार्गदर्शन के ज़रिये आपको ज्ञान व मानसिक प्रकाश हासिल हो जाएगा। आध्यात्मिक समझ हमेशा सर्वश्रेष्ठ संभव समाधान उत्पन्न करती है।

7. *परामर्श*। अक्सर हमें किसी समस्या में मदद की ज़रूरत होती है। इसलिए बुद्धिमत्तापूर्ण परामर्श पाना मूल्यवान है। इस विचार का इस्तेमाल करें, "आप अपने परामर्श से मेरा मार्गदर्शन करेंगे।" ऐसा उच्च स्तरीय परामर्श बुद्धिमत्तापूर्ण होता है।

8. *अंतःप्रज्ञा*। मानसिक प्रक्रियाओं का एक सूक्ष्म गुण होता है, जिसे अंतःप्रज्ञा या इंट्यूशन कहा जा सकता है। इसका मतलब है, करने के लिए सही चीज़ का अहसास। प्रार्थना और आध्यात्मिक बातों से अंतःप्रज्ञा सबसे अच्छी तरह विकसित होती है, जिसमें आप

समस्या के बारे में ईश्वर के विचार सोचने की कोशिश करते हैं।

9. *ध्यान*। समस्या को अपने मस्तिष्क में खुलकर विचरण करने दें। दबाव, तनाव या टाइमिंग से बचें। बस इसे बिना जल्दबाज़ी की मानसिक गतिविधि में बने रहने दें। जब आवश्यकता होगी, तब मस्तिष्क जवाब बता देगा।

10. *सृजनात्मक*। इस बात पर विश्वास रखें कि सोचने, प्रार्थना करने और दृढ़ कथन कहने की प्रक्रिया के ज़रिये आपके मन की सृजनात्मक शक्ति सही जवाब पर पहुँच जाएगी। आपकी समस्या के समाधान के लिए अंतःप्रज्ञा के ज़रिये ईश्वर को अपना मार्गदर्शन करने दें।

दूसरों के साथ मिल-जुलकर कैसे चलें

1. *पसंद करें*। यदि आप लोगों को सचमुच पसंद करते हैं, उनके साथ रहना चाहते हैं, उनके साथ बातचीत करना चाहते हैं, उनकी मदद करना चाहते हैं, तो आप पाएँगे कि लोग आम तौर पर आपको पसंद करेंगे। जब साझी पसंद मौजूद होती है, तो लोग एक दूसरे के साथ मिल-जुलकर रहते हैं।

2. *दिलचस्पी*। हमेशा सामने वाले की गतिविधियों और विचारों में रुचि लें। अपने बारे में बात करने के बजाय बातचीत को सामने वाले की रुचियों पर केंद्रित रखें। यदि आप सामने वाले की रुचियों में तल्लीन रहते हैं, तो वह आपकी ओर ध्यान देगा और आपका सुखद समय गुज़रेगा।

3. *पसंद आने लायक़*। पसंद आने और दूसरों के साथ मिल-जुलकर रहने के लिए यह आवश्यक है कि आप पसंद आने लायक़ हों। पुरानी कहावत पर अमल करें, "मित्र पाने के लिए मित्र बनें।"

4. *नाम*। नाम याद रखने की कला का अभ्यास करें। सामने वाले व्यक्ति पर ध्यान दें, ताकि उसका नाम आपके दिमाग़ में दर्ज हो जाए। यह अहसास करें कि किसी व्यक्ति का नाम उसके लिए महत्त्वपूर्ण है, इसलिए नाम याद रखने से आपको मिल-जुलकर रहने में मदद मिलेगी।

5. *आसान*। सामने वाले के लिए साथ रहने को आसान बना दें। सहज क़िस्म के व्यक्ति बनें, ताकि आपके साथ रहने में कोई तनाव न हो। "पुराने जूते" जैसे व्यक्ति बनें। घरेलू, ज़मीन से जुड़े व्यक्ति बनें।

6. *प्रेरक*। प्रेरक बनने का गुण विकसित करें। यदि आपके साथ रहने से लोग बेहतर और ज़्यादा सजीव महसूस करते हैं, तो वे आपको खोजेंगे और आपके व्यक्तिगत संबंध उत्कृष्ट बन जाएँगे।

7. *खुरदरे*। जब किसी व्यक्ति के व्यक्तित्व में खुरदरे तत्व होते हैं, तो व्यक्तिगत संबंधों का क्षरण होता है। इसका मतलब है, लोगों के साथ ग़लत तरीक़े से न पेश आएँ। तनावरहित और मिलनसार बनें।

8. *संवेदनशील*। चिड़चिड़े या इतने संवेदनशील बनने से बचें कि आप आसानी से आहत हो जाएँ। लोग अति संवेदनशील लोगों से दूर छिटकते हैं, क्योंकि उन्हें अप्रिय प्रतिक्रिया जगाने का डर होता है। आहत

भावनाओं से प्रतिक्रिया करने के प्रलोभन से कतराएँ; आप लोगों के साथ अच्छी तरह रह लेंगे।

9. *उपचार करें*। दूसरों के साथ होने वाली हर ग़लतफ़हमी का उपचार करने की सच्ची कोशिश करें। मानसिक और आध्यात्मिक रूप से अपनी शिकायतें बह जाने दें और हर एक के प्रति सद्भाव का नज़रिया रखें।

10. *करें*। लोगों से प्रेम करें और उनकी ख़ातिर चीज़ें करें। मित्रता के निःस्वार्थ और बहिर्मुखी कार्य करें। यह अवश्यंभावी रूप से सुखद व्यक्तिगत संबंधों की ओर ले जाता है। इसका सार *बाइबल* के इस जाने-पहचाने उपदेश में है, "दूसरों के लिए वही करें, जो आप चाहते हैं कि वे आपके लिए करें।"

असफलता को सफलता में कैसे बदलें

1. *असफलता*। इस विचार को क़ायम रखें कि कोई असफलता स्थायी नहीं होती; यह सफल जीवन में सिर्फ़ एक अल्पकालीन झटका है। असफलता एक घटना है, जिसे सृजनात्मक उपलब्धि की चित्रयवनिका में बुना जा सकता है। याद रखें, असफलता सिर्फ़ अल्पकालीन होती है।

2. *ग़लत*। असफलता को कोई चीज़ करने के ग़लत तरीक़े के रूप में परिभाषित किया जा सकता है। असफलता में लाभकारी तत्व होते हैं, क्योंकि यह हमें बताती है कि कैसे आगे नहीं बढ़ना है। जब आप जान जाते हैं कि कोई चीज़ कैसे नहीं की जानी चाहिए, तो आप

यह सीखने की बेहतर स्थिति में होते हैं कि उसे कैसे करना चाहिए।

3. *सीखें*। हालाँकि आप अपनी असफलताओं से सीख सकते हैं और यह पता लगा सकते हैं कि कैसे आगे नहीं बढ़ना है, लेकिन आप अपनी सफलताओं से ज़्यादा प्रभावी ढंग से सीख सकते हैं, जहाँ आप यह खोजते हैं कि सही तरीक़े से कैसे आगे बढ़ना है।

4. *कभी नहीं*। कभी असफलता को स्वीकार न करें। असफलता की अवधारणाओं को अपने विचारों से बाहर रखें। अपने मन में सफलता की अवधारणाएँ भर लें।

5. *सोचें*। थॉमस ए. एडिसन के ऑफ़िस की दीवार पर लगे साइन बोर्ड को याद रखें, "इसे करने का एक बेहतर तरीक़ा है; उसे खोजें।" आप यह कैसे करते हैं? प्रार्थना से प्रेरित अनुशासन और सृजनात्मक सोच द्वारा।

6. *परिश्रम*। इस जीवन में कोई भी सफलता परिश्रम के बिना हासिल नहीं हो सकती। परिश्रम से किया जाने वाला काम सफल उपलब्धि का "खुल जा सिम सिम" होता है। परिश्रम भरे काम करने और करते रहने की क़ाबिलियत सफल परिणामों के लिए अनिवार्य है।

7. *लक्ष्य*। सभी सफल लोगों के पास एक लक्ष्य होता है। कोई धुँधला, अनिश्चित उद्देश्य नहीं, बल्कि स्पष्टता से परिभाषित, विशिष्ट लक्ष्य। कोई भी कहीं नहीं पहुँच सकता, जब तक वह यह न जानता हो कि वह कहाँ जाना चाहता है और क्या बनना या करना चाहता है।

निश्चित, प्रार्थना केंद्रित लक्ष्य रखें।

8. *सही*। सुनिश्चित करें कि आपका लक्ष्य सही हो, क्योंकि जो चीज़ ग़लत है, वह कभी सही नहीं बनेगी। ग़लत का परिणाम ग़लत होता है। केवल सही से ही सही उत्पन्न होता है, इसलिए सही बनें।

9. *माँगें*। यह सुनिश्चित करने के लिए कि आप अपने जीवन में वही कर रहे हैं, जो आपको करना चाहिए, ईश्वर से मार्गदर्शन माँगें। अंतिम विश्लेषण में सिर्फ़ ईश्वर-निर्देशित जीवन ही सच्ची और बुनियादी सफलता हासिल कर सकता है।

10. *तरीक़ा*। निःस्वार्थ प्रार्थना सफलता पाने का अचूक तरीक़ा है। यह विचार अपना लें कि आप संसार में सबसे ज़्यादा भलाई करना चाहते हैं और सर्वश्रेष्ठ जीवनमूल्य हासिल करना चाहते हैं – सिर्फ़ खुद के लिए ही नहीं, बल्कि सभी लोगों के लिए – और आप अपने पूरे अनुभव को सफल प्रोत्साहन के क्षेत्र में ले आएँगे।

अनुवादक के बारे में

डॉ. सुधीर दीक्षित *टाइम मैनेजमेंट, सफलता के सूत्र, 101 मशहूर ब्रांड्स* और *अमीरों के पाँच नियम* सहित सात लोकप्रिय पुस्तकों के लेखक हैं, जिनमें से कुछ के मराठी व गुजराती भाषाओं में अनुवाद हो चुके हैं। इसके अलावा उन्होंने हैरी पॉटर सीरीज़, चिकन सूप सीरीज़ तथा मिल्स ऐंड बून सीरीज़ सहित 150 से भी अधिक अंतर्राष्ट्रीय बेस्टसेलर्स का हिंदी अनुवाद किया है, जिनमें रॉन्डा बर्न, डेल कारनेगी, नॉर्मन विन्सेन्ट पील, स्टीफ़न कवी, रॉबर्ट कियोसाकी, जोसेफ़ मर्फ़ी, एडवर्ड डी बोनो, ब्रायन ट्रेसी आदि बेस्टसेलिंग लेखक शामिल हैं। उन्होंने मशहूर भारतीय क्रिकेट खिलाड़ी सचिन तेंदुलकर की आत्मकथा *प्लेइंग इट माय वे* का हिंदी अनुवाद भी किया है।

हिंदी साहित्य और अँग्रेज़ी साहित्य में स्नातक की उपाधि लेने के अतिरिक्त डॉ. दीक्षित अँग्रेज़ी साहित्य में एम.ए. तथा पीएच.डी. भी हैं। उनकी साहित्यिक अभिरुचि की शुरुआत हिंदी जासूसी उपन्यासों से हुई, जिसके बाद उन्होंने अँग्रेज़ी के सभी उपलब्ध जासूसी उपन्यास पढ़े। वे अगाथा क्रिस्टी और आर्थर कॉनन डॉयल के लगभग सभी उपन्यास व कहानियाँ पढ़ चुके हैं।

कॉलेज के दिनों में डेल कारनेगी की पुस्तकों का उन पर गहरा प्रभाव पड़ा। कॉलेज की शिक्षा पूरी करने के बाद डॉ. दीक्षित ने *दैनिक भास्कर, नई दुनिया, फ्री प्रेस जर्नल, क्रॉनिकल, नैशनल मेल* आदि समाचार पत्रों में कला, नाटक एवं फ़िल्म समीक्षक के रूप में शौक़िया पत्रकारिता की। उन्हें

म.प्र. फ़िल्म विकास निगम द्वारा फ़िल्म समीक्षा के लिए पुरस्कृत भी किया गया। चेतन भगत और डैन ब्राउन उनके प्रिय लेखक हैं। डॉ. दीक्षित को पाठक sdixit123@gmail.com पर फ़ीडबैक प्रदान कर सकते हैं।

Notes

Notes

Notes

Notes

Notes

Notes

Notes

Notes

Notes

Notes

Notes

Notes

Notes

Notes

Notes